新版

茅葺《かやぶ》きの民俗学

生活技術としての民家

安藤邦廣
Kunihiro Ando

はる書房

新版にあたって――茅葺き文化は蘇るか

本書が世に出された一九八三年から三三年の月日が流れた。この間日本の社会経済を巡る状況は急激に変化した。戦後の復興と経済成長の時代は終わりを告げて、日本社会は経済の低成長あるいはマイナスに転換し、人口増も鈍り、そして減少の時代に入り、少子高齢化の社会が訪れた。一方で人口の都市集中は緩むことなく、地方の農山村は過疎化と衰退の一途をたどり、存続することができない集落や消滅する自治体も現れようとしている。

農山村地域の農林水産業に基盤において成立した茅葺き民家がその基盤を失えば生き延びることは難しい。それが本書の序文で述べたとおりその当時の私の考えるところであった。しかしそれでも遠い未来に茅葺きの蘇る日を願って、それだからこそその営みと技術を後世に伝えるために本書は書かれたのである。

二〇一一年東日本大震災は未曾有の被害をもたらし日本社会は根底から揺さぶられた。これからの資源エネルギーの根幹と位置づけられた原子力発電が被災し、それが災害を拡大したうえに廃炉を余儀なくされた。原子力発電の安全神話が崩れたのである。津波の被災からの復興が進む一方で、原発の放射能汚染は深刻で、周辺地域の復興の見込みはたたず、多くの避難民は帰還と生活再建に希望を持てない状況に追い込まれている。

この原発の被災と汚染は、それに依存しなければ持続できない、大都市に集中した現代日本の社会経済に大きな警鐘を鳴らすこととなった。この災いを機に日本社会は新たな舵をきらなければならない。日本人の多くはそう考え始めたのである。持続可能な社会を求めるうえで、地方定住や農林水産業の再生、自然エネルギーへの転換といった、日本社会が持続するうえで避けては通れない課題に改めて覚悟をもって取り組むときが、図らずも訪れたといえる。

二〇一六年秋に私は長野県北部の小谷村千国真木集落のアラヤシキを訪れることができた。そこは南小谷の駅から四キロほどの山道を歩いていかなければ行くことができない山深い小さな集落であった。大きな数棟の茅葺き民家で共同のくらしを営む住民はすべて首都圏などの都市部からの移住者である。約三〇年前に村人はすべて町に出て廃村に追い込まれたこの集落に、農林業と里山の資源エネルギーを基盤としたくらしを求めて移り住み、二〇年以上になるという。村人から受け継いだ田畑を耕し、家畜を飼い、薪を集めて炊事や暖を取る。村を離れた元の住人もしばらくの間、春から秋にかけて農作業に通ってきていたので、その間に村でのくらし方の知恵を授かることができた。今では高齢者から若者、幼児までの志を同じくする老若男女が二十数名で自律的に暮らしている。電気は引かれているが可能な限り自然エネルギーの利用を心がけている。もちろん自動車はない。ここは共働学舎という生活運動の実践の場でもあり、二〇一一年の震災以降、若い人の関心が高まり、体験宿泊者の受け入れが増えて、欧米からの長期滞在者も多いという。

ここの新しい村人の最大の共同作業は大きな茅葺屋根を維持するための茅刈とその運搬である。

毎年秋に対岸の山に残る共同の茅場で茅を刈り四キロの山道を担いで運ぶのである。かつてどこの山里でも行われていたくらしが、三〇年前に失われようとしていた風景が、思いもかけず蘇っていることに私は驚かされ、感動した。

この三〇年間を振り返ると、世界遺産に登録された白川郷や五箇山の合掌造り集落をはじめとして、各地に残る代表的な茅葺き民家集落は文化財として保護され貴重な観光資源として地域振興に寄与している。その維持に必要な茅の確保についても新たな文化財制度「ふるさと文化財の森」によって茅場の確保と整備が進められている。高齢化と後継者不足でその技能の継承が危ぶまれた茅葺き職人も、ようやく若い後継者が各地で育ち始めた。茅葺き民家はいわば崖っぷちで踏みとどまっているのである。しかしこのような文化財として守ることのできる茅葺き民家は、全国あわせて三〇〇〇棟程度に過ぎない。

戦後間もなくの頃日本の農山村で当たり前の風景であった茅葺き民家の数は少なくとも一〇〇万棟、それが二〇〇三年の農水省の調査によれば約一四万棟に激減している。急速に姿を消しているとはいえ、未だ一〇万棟あまりの茅葺き民家が現存することも事実である。

この各地に残る茅葺き民家の多くは、高齢者が住むが、空き家も年々増加している。これらを貴重な地域の資源として捉え、空き家を定住促進の器として活用する施策も進められている。そのときに長野の山里アラヤシキの共働学舎のくらしと風景は、先の見えない社会に一筋の光がさすように私には見えた。農家が茅葺きであることの意味、家畜を飼い薪をエネルギーとするくらしが、その共同の営みが茅葺き民家なのであること、そのくらしが美しいこと、すなわち茅葺き文化の復活を我々はそこに見ること、知ることができるのである。

本書を著して三三年が経ち、版を重ねて長く読み継がれてきた。品切れだが読みたいという声が私にたびたび寄せられた。ありがたいことで著者としてこれほどうれしいことはない。茅葺き民家が失われようとするほどにその関心はむしろ高まっている証拠でもある。この間にも私の茅葺きの研究は終わることなく続いた。茅葺きを伝えたいと願う人々が集まって七年前に日本茅葺き文化協会も設立され、各地の茅葺き民家の住人と茅葺き職人の相互交流と情報の共有化が図られている。それらの成果を反映させて本書を全面的に書き改めたいと考えた。しかし結果的には本書の内容をそのまま新装新版として出すこととした。写真だけはデジタル処理で解像度を上げて資料としての価値が高まっている。本書を改めて読み返してみると、今となっては決して書くことのできない貴重な記録であること、それが決して色あせることなく、時代を超えて訴えるものがあると考えたからである。記録に加えて考察した私の論考については未熟なところ、不十分な点も目に付くが、これもその当時に考えたこととして手を加えず、そのままとした。それを補うものとして、茅葺き民家のその後と未来については早い機会に別の本としてまとめたいと思う。

日本の茅葺き文化が蘇ることを切に願い、本書の新版がその一助となれば幸いである。本書を新版にするにあたって、日本茅葺き文化協会事務局の上野弥智代さんには三十数年前の大量の写真と図版の整理に大変なご苦労をいただいた。またはる書房の古川弘典さんと佐久間章仁さんには、一貫した励ましと適切な助言をいただいた。ここに心より感謝申し上げます。

二〇一六年晩秋の筑波山麓で

安藤邦廣

はじめに

戦後もまもなく四〇年になろうとしている。この間の我が国の技術の進歩は目覚ましく、それは住宅生産においても例外ではない。国外の資源を用い、先進諸国の技術導入による、それまでの家づくりとは全くかけ離れた生産方式が生み出された。住宅が工場で作られ、商品として売られるようになったのである。これにより、安い住宅を大量に早く作ることが可能になり、戦後の住宅不足は解消され、数の上ではまがりなりにも一世帯一住戸が達成された。

一方このような新しい生産方式は住宅の質を変えたのはもちろん、その考え方をも大きく変えようとしている。かつて住宅とは幾世代にもわたって受け継ぐ社会的資産であったが、この新しい住宅は他の工業製品と同様に使い捨てられるものとなった。かつて住宅は住むその人の家らしさを示し又その人々の属する地域社会を表す象徴でもあったが、この新しい住宅は単なる住む機械のようなものとなった。

高度成長も終わりを告げ、一転して省エネルギー時代を迎えた今日、我々はこれからどのようにして家をつくり、どのように住むべきなのか、大きな転機にさしかかっているように見える。このような時に、日本の長い住宅の歴史の中に現代の住宅のつくり方を位置づけて考え直してみるのは、今後の方向を探るうえで極めて重要なことであると思われる。

そこで日本の在来の家々がどのようにして作られてきたものであろうかと見てみると、容易に信じ難いことではあるが、詳しいことはほとんど何も分っていないことに気づくのである。当時その家々をつくった人々にとってはごく当り前のことであったことが分らないのである。しかし当り前のことであったからこそ、ひとたびそれが途絶えると再現するのは非常にむずかしいことなのかもしれない。

例えばここに本書で扱う民家と呼ばれているものがある。

一般には民家といえば、一般民衆の家という意味であるが、建築学の世界では民家とは近世以前における寝殿造りや書院造りのような支配階級の住宅に対する庶民の家のことであり、主として江戸時代に成立したものである。江戸時代は庶民の生活が飛躍的に向上した時期であり、それまでは貧しい掘立小屋に住んでいた村人は次々に本格建築をつくり始め、今日見ることができるような立派な農家や町家が日本の各地に生まれた。これが今日、民家と呼ばれているものである。その後明治時代にはいり、都市部では西洋技術の導入等により、新しい材料で新しい住宅が生み出されたが、生活の変化に伴って多少の改変はされたものの、依然としてそれぞれの地方での民家の形式やつくり方は受け継がれていた。都市部から遠く離れた山村では高度成長の波がおし寄せる昭和三〇年代まで民家は作られ続けた。そして未だ多くの民家が日本の各地に残され、住まわれているのである。その地方色豊かな美しさは旅する人々を魅了し、建築家はその形態に多くを学ぶところとなっている。

もともとこのような民家は、民俗学、地理学、歴史学、建築学とあらゆる分野で研究の対象となり、様々なことが明らかにされてきた。例えば日本にはどのような形式の民家があり、それがいつどのように発達してきたものであるかについては、かなりの部分が明らかにされてきている。しかし民家はどのような人々の手で、どのようにして作られたのかという素朴な疑問には、まともに答えてくれないのである。このことが歴史学者や民俗学者でもなく、建築を計画し、つくることに係わっている私が、民家の研究にとりくむようになった動機である。

ところで民家のつくり方を最も特徴づけているのは第一に手近に再生産できる材料でつくられていることにあり、第二に住み手自身が家づくりに直接係わっていることにある。このことが民家が地方色豊かな形態を獲得し、又一〇〇年を超す使用に耐えることを可能にしたと私は考えている。もちろん民家は大工や左官等の職人の技術なしにできるものではないが、その工程のかなりの部分は村人自身の手によるものである。最近私の調査したある山村を例にとると、山からの木材の運搬、古家の解体、敷地の地均しと基礎工事、茅葺き屋根葺き、荒壁塗りは職人の助けを借りず全て村人だけで行われる。これに対して木材のきざみや組み立ては大工が指導的立場にたち、村人が手伝い、内外の仕上は職人が行うという方法で家をつくってきた。

このように職人の技術は借りるものの、家をつくる主体は村人にあるわけで、村の家々を村人自身がつくっていくなかで先人の生活の知恵が受け継がれ、更に改良を積み重ねることができ、自らの生活にふさわしいすまいを作りあげることができたのである。

又民家をつくりあげている材料は、骨組みの太い木材の他は、土や草、樹皮、竹、紙等であり、今日使われている材料と比べ必ずしも耐久性に優るとは言えないような材料を用いながら、一〇〇年を超す使用に耐えてきた。それは村人自身がつくった家であるから、家の仕組みやはたらきは誰でも知っており、傷めばいつでも修理され、部材を定期的に新陳代謝することができたからである。このことは、たとえ耐久性に乏しい材料であっても、それが手近で再生産できるものであれば、長い使用に耐える家をつくれることをも示している。

本書はこのような民家をつくりあげた技術のあり方やそれを支えた社会的仕組みを、民家の茅葺き屋根を通して明らかにすることを目的として書かれたものである。

前に述べたように民家そのものの作り方を明らかにすることは、今となっては大変むずかしいことである。今日未だ数多くの民家が残されているとはいえ、それを実際に作った人はほとんどなく、又今後民家の形式で家をつくる可能性もほとんどないからである。一方文献や伝承で知ることができるのは、ごく限られた部分でしかなく、それだけによって全貌を明らかにするのは至難の技と言わなければならない。その点、幸いにも茅葺き屋根は、民家の中では最も傷み易い所であり、定期的に葺き替えることで長い使用に耐えてきたものである。

従って今日に残る民家に住み続けるためには少なくとも茅葺き屋根の葺き替えは続ける必要があったし、少なくなったとはいえ、未だその習慣を残す地域はあるのである。又、茅葺き屋根は、民家そのものが村人主体でつくられることから、大工や左官といった職人に頼る割合が次第に高くなる中で、最後まで村人が主体となって作り、維持してきたものであり、民家のつくり方の原型をそこに見ることができるのである。そして何より茅葺き屋根は民家のシンボルであり、ある意味では民家そのものなのである。もとより茅葺き屋根だけで民家をつくりあげている技術体系を全て明らかにすることはできないがその技術のあり方、即ち村人の生活技術としての民家は示せるのではないかと考えた。

【新版】茅葺きの民俗学＊目次

第六章　茅葺きの村々——155

第一章——茅と茅葺屋根

茅とは

茅とは屋根を葺く草の総称で、狭い意味には最もよく使われるすすきのことである。かやは茅（萱）の他に古くは、葺草、草、の字が用いられてきた。

爾に即ち、其の海辺の波限（ナギサ）に鵜の羽を以ちて葺草（カヤ）と為て産殿を造りき。〈略〉〈波限を読みて那芸佐と云ふ。葺草を訓みて加夜（カヤ）と云ふ〉（古事記―上）

吾勢子波《ワガセコハ》、借廬作良須《カリイホツクラス》、草無者《カヤナクバ》、小松下乃《コマツガモトノ》、草乎苅乎苅核《クサヲカラヲカラサチ》（万葉一巻）

次に草の祖（ヲヤ）草野姫（カヤノヒメ）を生む。亦の名は野槌（日本書紀―神代上）

このようなかやの語源として次のような説がある。

一、カリヤ（刈屋）の約（冠辞考続貂）

刈って屋を葺く物の意のカリヤ（刈屋）から葺料に用いる草の総称をカヤといい、それに最適の萱、茅を特にカヤと呼ぶようになった（大言海）

二、カヤ（上屋）という意をもって葺料をカヤといい、これに禾草を用いたので草をカヤと称し、更に葺料に最適する萱、茅の類をチカヤ（チは強の意）略してカヤといったところから（箋注和名称。日本古語大辞典＝松岡静雄）

三、カオヤ（草祖）の義（言元梯）

四、毎年冬春の間に刈って焼くところから、カリヤク（刈焼）の略（名言通）
五、カレ（枯）ヤスキところから（和句解）
六、風のためにカヤカヤと音がするところから（日本語源＝賀茂百樹）
七、クサヨハの反（名語記）

―以上、日本国語大辞典―

以上のように茅は屋根を葺く草の総称であり、すすきの他によし（あし）、かりやす、かるかや、しまがや、ちがや等のイネ科の多年草、麦わら、稲わら等の穀物の茎、麻稈、笹等の手近に入手できる材料が使われた。このような草は屋根を葺く材料としてみなされた時にはじめて茅と呼ばれるのであり、たとえば、お月見に飾ってあるすすきを茅とは呼ばないのが普通である。

茅葺屋根とは

茅が屋根を葺く草の総称であるなら茅葺屋根とは草で葺かれた屋根の総称であり、狭い意味には最もよく使われるすすきで葺かれた屋根を指す。草で葺かれた屋根の総称としては茅葺屋根の他に草屋根、草葺屋根、葛屋等が用いられた。葛屋とはありあわせの屑物を利用して作られた屋根、又はその家という意味である。又すすきで葺かれた屋根を茅葺屋根と呼ぶのに対して、稲わらや麦わらで葺かれた屋根はわら葺屋根と呼ばれる。

さてこのような茅葺きの屋根は古くから北海道、沖縄まで住宅に限らず社寺等のあらゆる建物に用いられてきた。家屋文鏡《かおくもんきよう》（奈良県の佐古田の宝塚古墳から出土した古墳時代の彷製鏡）に描かれた住居の屋根は茅葺屋根と考えられ、又埴輪に見られる屋根も茅葺屋根の形態を表している。古代の住居（倉）の形式を伝えるといわれる伊勢神宮の屋根も茅葺きである。

今日茅葺きといえば山村の農家を思い浮かべるが、東京でも町屋が瓦葺きに変ったのは江戸末期で、その前は板葺きであり、更にその前は茅葺きであったことは茅場町という地名が残されていることによっても知ることができる。茅場町は江戸築城のとき神田の茅商人が移り住んだため呼ばれたという。又、東北地方の宿場町や武家屋敷には茅葺きが今なお数多く残されている。

北海道のアイヌの住居は屋根ばかりでなく壁も茅葺きである。又、南国沖縄といえば強烈な太陽に照りつけられた赤瓦葺きが印象的であるが、このような赤瓦葺きの一般庶民への禁令が解かれるのは明治二二年のことであり、今日のような赤瓦葺きの景観が一般的になったのは第二次大戦以降のことである。それまでの沖縄の庶民の住居といえば茅葺きで、壁も茅葺きとしたものが少なくなかった。このような屋根ばかりでなく壁も茅葺きとした住居は本土の山村にも戦後までいくつか残されており、なかでも長野県秋山郷の民家は広く知られるところである。

茅葺きの材料といえば、すすきが最も一般的であることは前述したとおりである。このすすきは別名山茅《やまがや》と呼ばれるように山林原野に生えるのに対して河川敷や湖沼の近くや海岸部の湿地帯では、よしが海茅《うみがや》（湖茅《うみがや》）と呼ばれ、すすきに優る耐久性を持つ材料として盛んに利用された。

すすきと茅葺き屋根（福島県伊南村）

秋山郷の民家（民家集落博物館・大阪府豊中市）

九州の有明海沿岸、関西の琵琶湖と淀川河口の三角洲、関東では利根川の河川敷や霞ヶ浦が大産地であり、周辺の家々はよしで葺かれていた。このような低湿地帯のよし原は干拓や河川改修事業により次第に耕地化され、よし原は姿を消した。それらの地域でかわりに屋根葺き材として利用されたのがその耕地で収穫されたわら（主として小麦わら）であった。小麦わらはすすきやよしの三分の一、稲わらは約一〇分の一の短い耐久性しかないが、それでもこれらは言わば農業生産の過程で生ずる廃物利用であるから、茅原やよし原の減少で収集に手間又は金のかかるすすきやよしに比べ、手軽に利用されたのである。

原野の新田開拓の結果、茅原は激減し平野部でもわら葺きがすすき葺きにとって代った。例えば茨城県の筑波山周辺は関東平野の中でも比較的原野が残されていた地域であるが、昭和三〇年前後には茅葺屋根の約半数は小麦わら葺きであった。すすきで葺くのは上層農家の主屋であり、その他はほとんど小麦わら、もしくは正面だけをすすきで葺き裏面を小麦わらで葺いていた。すすきは貴重品であったのである。

この他にも屋根葺き材として、使えるものはあらゆる材料が利用された。群馬や栃木の麻の産地ではその殻である苧殻《おがら》を主として下葺きや軒付けに利用し、沖縄や能登では篠竹や笹等がそれ単独で又はすすきに混ぜて葺き込まれた。杉の豊富な山地では杉皮をすすきに葺き混ぜて、茅の断熱性と杉皮の耐久性を兼ね備えた屋根が考案された。東京都奥多摩ではこれを「虎葺き」と呼んでいる。

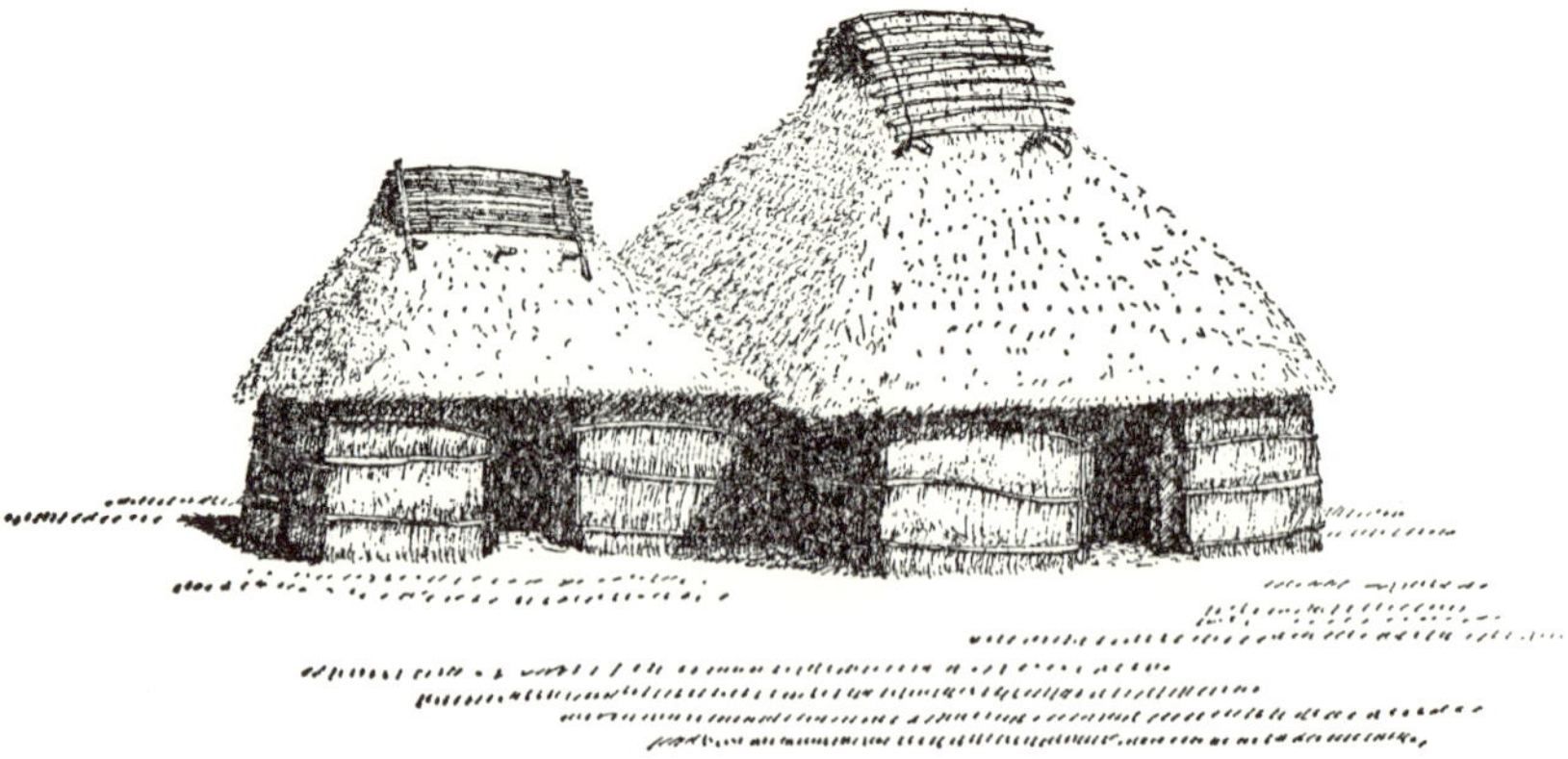

沖縄の穴屋(沖縄県久米島)

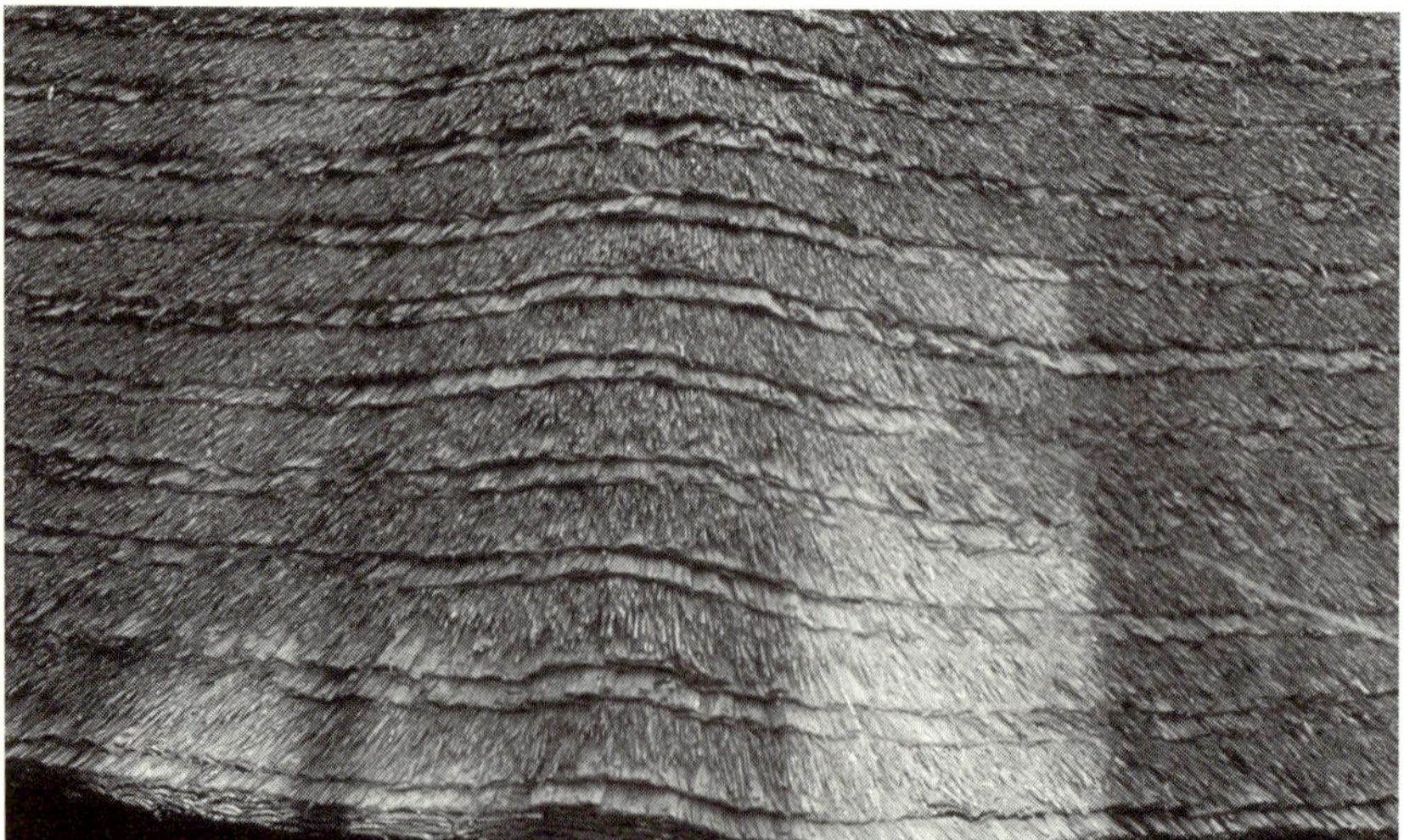

虎葺き(東京都青梅市)

茅葺きのかたち

茅葺屋根といえばその地方色豊かな形態が今日多くの人々の魅せられるところのものである。この屋根型の基本形は寄棟、入母屋、切妻の三つに分けられる。

寄棟は四注《しちゅう》・東屋《あづまや》・四阿《あづまや》とも呼ばれる。四注とは四方に雨が流れるところからそう呼ばれる。古代においては東屋は辺鄙屋《あづまや》の義で東国は開けていない地方であったため、アヅマは東国を指し辺鄙を意味する。従って東屋とは田舎風の家の意で、神社の切妻、寝殿の入母屋に対して、田舎風の寄棟は東屋と呼ばれた（大言海）。

又四阿の阿とは丘の義、高まりたるところの義で、屋根の四隅の下り棟（隅棟）のことで、四つの下り棟を持つ屋根の意である（大言海）。一方切妻は四阿に対して真屋《まや》と呼ばれ、四阿が民家の屋根であったのに対して真屋は格が上で、神社本殿の屋根に用いられた（日本古語大辞典）。このように古代において切妻・入母屋・寄棟の三つの屋根形態は単に形が異なるばかりでなく社会的地位や格を表すものであったといえる。この背景にはそれらの屋根を持つ建物の構造とその系譜の違い、例えば切妻―高床《たかゆか》―南方系、寄棟―竪穴《たてあな》―北方系が考えられ、日本文化の系譜を解く重要な鍵のひとつと見られている。

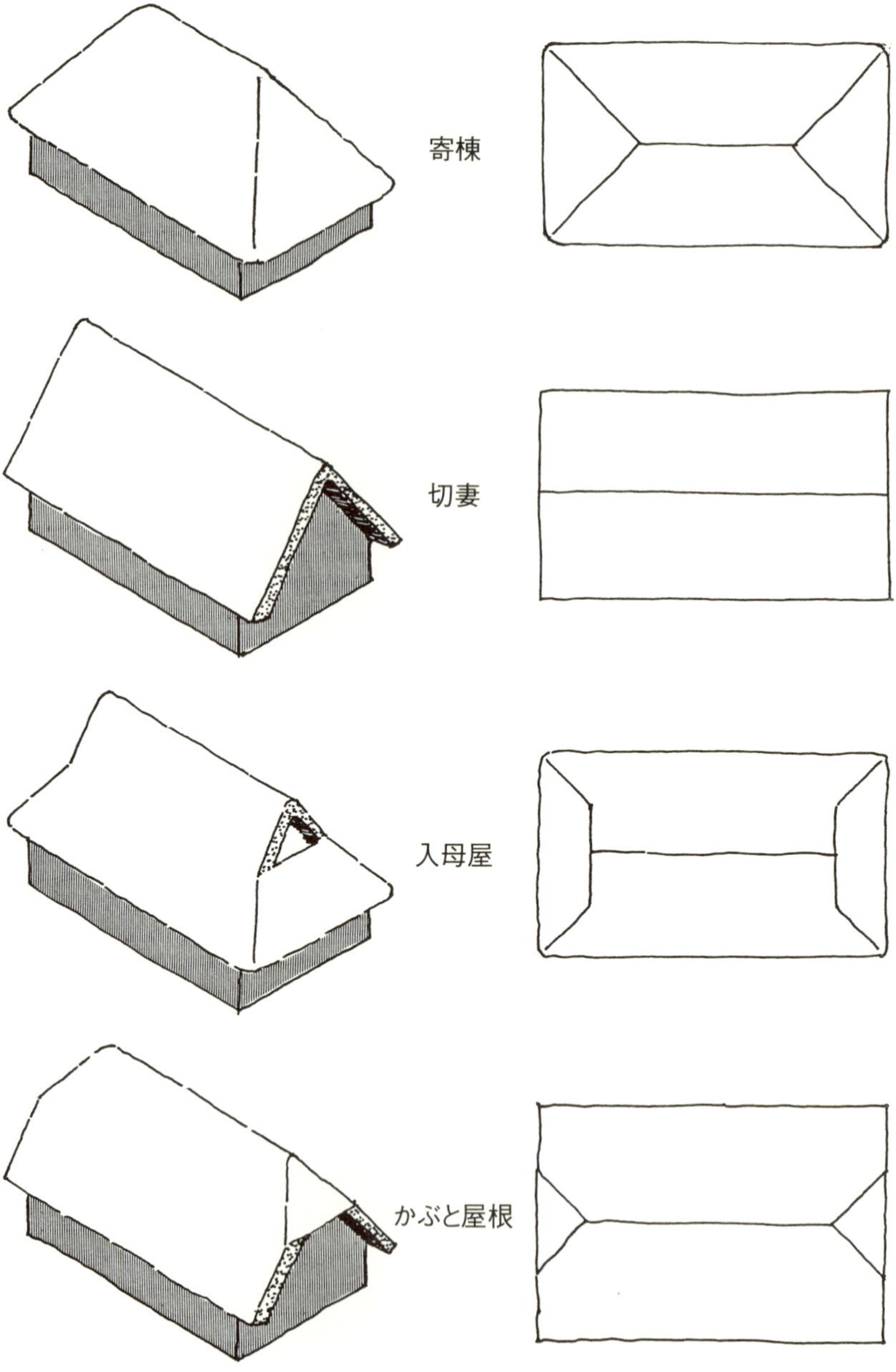

屋根型

寄棟（茨城県八郷町）

切妻（岐阜県白川村）

入母屋（京都府美山町）

かぶと屋根（山形県朝日村）

さて本書で扱うのは民家の屋根、それもついこの前まで日本の農村のどこでも見ることのできた民家の茅葺屋根である。前述したような歴史的経緯で日本の民家の茅葺屋根は寄棟が大多数であるが、時代が下るに従い入母屋、切妻が増える。今日入母屋は京都を中心に近畿一円では多数を占め、他の地方でも上層農家は時代と共に入母屋に変わる例が少なくない。入母屋が社会的地位の高さを示す点は今日も変わりはないのである。

一方切妻が民家の屋根に用いられるのは極めて限られている。その一例が合掌造りで知られる岐阜県白川郷と富山県五箇山で、これは江戸期から明治にかけて屋根裏を養蚕空間として利用するために改変させられた結果であり、もとは寄棟屋根であったと考えられている。一般的には屋根の欠点となる切妻の破風《はふ》(屋根端部にできる三角形の壁)が屋根裏の採光・換気のために好都合であったのである。この時期このような養蚕によって民家の茅葺屋根が大変革を遂げたのは合掌造りばかりではない。東北や関東地方の山村ではかぶと造りと呼ばれる屋根形態が寄棟から発達し、各地で独特の展開を見せ、今日見られるような多様な形態が生み出されたのである。

茅葺きのはたらき

ふぢの木ばしら、かややのあめ、人こそ知らね屋の内に、すぐで立ったる人はなし

浄瑠璃・卯月の潤色

かややのあめとは茅葺きの家に降りそそぐ雨で、音のしないことの喩えである。都会の騒音に慣らされた現代人にとってかややの雨は一文の価値も無いものかもしれない。しかし茅葺きの家に入ってまず驚かされるのは、そのすい込まれるような静けさであり、且つその静けさの中にかすかに感じられる外の気配、沢の流れや風の音である。全く室内の反響音がないからである。茅葺きに住む人々に茅葺きと他の葺き材との違いについてたずねると、意外に多いのは「茅葺きは雨音がしなくて良い」という答えである。

茅葺きの極めて優れた断熱性については今更述べるまでもないが忘れてならないのはそれが通気性を兼ね備えている点である。茅葺きと鉄板葺きとの違いはちょうど、動物の毛皮とビニールの雨合羽の違いに喩えられる。動物の毛皮は外からの雨滴ははじくが、体内からの水蒸気は通すのに対して、ビニールの雨合羽は外からの雨水を入れないかわりに内からの水蒸気も通さない。加えて断熱性がないので、内側で結露し、湿気の多い日本でははなはだ着ごこちの良くないものとなる。その点わらで作られた蓑は耐久性には乏しいが、毛皮に近い着ごこちで、茅葺きのはたらきを端的に示す例といえる。現代のあらゆる建築材料と技術をもってしても茅葺きの持つ断熱性・保温性・雨仕舞・通気性・吸音性を兼ね備えた屋根を作りあげるのは並大ていのことではないのである。

一方茅葺き屋根の最大の弱点は火事に弱いことで、延焼に対しては全くなすすべがなく大火につながりやすい。村で火事があった時、村人は総出で風下の家にかけつけ、屋根にあがって水をかけ、火の粉をけんめいに払い落としたという。そうでもしなければ、一軒の家から出た火で村中焼け出されるのは日の目を見るより明らかなことであった。これが都市部で茅葺きが早々と姿を消した最大の理由である。

第二章——屋根を葺く材料

茅場

すすきはイネ科の多年草で、その花穂はおばなと呼ばれる秋の七草のひとつであり、都市化の進んだ今日でも全国至るところで見ることができ、群生する。このようなすすきの群落は洪水・強風等のために樹木の生育が制限された土地にも見られるが、ほとんどが人間の活動、即ち森林伐採、火入れ、開墾、放牧、造成等によって自然植生が破壊された結果生み出された代償植生である。この代償植生は人間の影響が停止された瞬間に、それぞれの立地固有の自然植生に復帰（遷移）し始める。例えば西日本の平野部の場合なら、クヌギ―コナラ林、アカマツ林などを経て、数十年、数百年後には常緑広葉樹林へともどる。しかし草刈り、火入れ、放牧等が続けられる限りすすきの草原は維持される。すすきのこのような特性は建築材料として実に好都合なものである。毎年ほぼ同量を生産でき、そのことが翌年の再生産を約束するのである。

茅場とはこのようにして毎年茅を採集するために確保された専用の土地である。茅は土手、田の畔、道端等陽当りの良い所には何処にでも生え、それらを採集し屋根葺き材として利用することも稀ではないが、それは全体の量から見れば少量で、茅場の存在無しには茅葺屋根を維持することは困難であった。

このような茅場の広さはどのぐらい必要であったのだろうか。土地や手入れの仕方等で収穫量が異なり、又茅の種類によっても太さや背が異なるので一概に述べるのは困難であるが、ごくおおざっぱにいって屋根面積の五〜一〇倍の広さが必要であるといえよう。条件の良い場合には屋根面積の二倍の広さで維持している場合もあった。もちろんこれらは毎年茅場の茅を全て刈り、葺き替えまで貯えることが前提となることは言うまでもない。

例えば日本の農家の平均的な大きさである一五〇平方メートルの主屋の屋根面積は約三〇〇平方メートルであるから、それに必要な茅場は一五〇〇平方メートルから三〇〇〇平方メートル、昔風の単位でいうと一・五反〜三反の広さの茅場を確保していた。主屋の他に納屋・畜舎・倉等も茅葺きである場合にはそれに比例して広い茅場が必要となる。

このような茅場は各家が個別に所有する場合と集落や組で共有する場合がある。個別に所有する場合は、葺き替えるまで毎年刈り貯えるのが一般的である。茅場を共有する場合はその利用の順番を決め、葺き替えの直前にまとめて採集することも可能であり、そのような方法を採用してきた地域も少なくない。このような共有茅場は、入会慣行のひとつとして藩政時代から存続してきたものである。入会とは一定の山林原野を一定の集団で共同利用することで、その土地が入会地であり、緑肥として田に入れる刈敷（家畜の飼料と敷草）、燃料用の薪等の他、屋根用の茅もこの入会地で採集され、茅専用として確保されたのが共有茅場である。この入会地は藩政時代には領主に帰属し、明治維新後はその多くは官有地に編入された。しかしこのような法制上の所有形態の変化とは別に、明治以降今日まで山村での入会慣行は存続してきた。

茅場が設けられるのは、集落の周囲の耕地になりにくい山腹や山頂である。私有茅場は集落の近くに散在的に設けることが多いが、一町歩を超すような共有茅場は集落から徒歩で一時間以上要する山腹や山頂に設けられることも稀ではない。又近年まで焼畑耕作を行ってきた岐阜県白川村のような山村では、焼畑の跡を茅場として転用してきた。共有茅場はそれ単独で設けられる場合もあるが、薪炭林や採草地と共に切り拓かれている場合も多い。

前述したように茅は毎年刈ることによって再生産されるが、良質で大量の茅を得るためにはそれでは不充分で、次のような手入れが必要であった。

一、茅を残さず毎年きれいに刈り取り、刈りくずや雑木・雑草を残さない。これを徹底させるために春に火入れをする地域もある。

二、夏に茅場に生える藤、葛、雑草、幼木を除去する。

三、茅場の周囲に枝を広げる樹木を伐採する。

例えば新潟県糸魚川市高谷根では六月の田植えが済むと茅葺きの家の各戸から一人ずつ出て共有茅場の雑草とボタガヤ（質の悪い茅）を刈り払う。それが済むとその場で秋に採集する人を決定する話し合いが行われる。手入れを怠る人は刈る権利がないのである。その他に茅場までの道を作る作業が春に行われ、それにも各戸から一人出動する必要があった。

又、岩手県陸前高田市矢作町清水では四一戸で約三〇町の茅場を共有していた。茅刈りは春に行われ、その二、三日後に山やきが行われる。延焼による山火事を防ぐために、尾根から等高線に沿って数間毎に刈り残した茅や雑草を刈り払って防火帯を作り、山頂から序々に焼き下りる方法がとられる。このような方法をとっても、風の強い日には山やきは無理で集落全員で山に登りながら、二日、三日と出直すことも稀ではなかったという。

このような手入れは茅の質量を左右する重要な作業である。即ち茅場は放置すると陽樹が侵入するので、これを防ぐことが第一の目的である。次に茅は肥えた土地では太く軟らかく育ち、屋根葺き材としては耐久性の点で難点を持つ。従って肥料となる刈りくずを残すのを避ける。又茅刈りの際にも茅の中に雑草や雑木が混じると刈りにくく、茅の中に混ざったものの選別に手間がかかるのである。

このように茅場は山林原野に自然に生えたものをそのまま利用するのではなく、人間の手で人工的に作られ管理されたものであり、その維持にはそれなりの人手を要するので共有茅場の場合には、その利用には厳しい取り決めが生まれた。

茅刈り・運搬・貯蔵

茅刈り

秋の収穫が終わると休む間もなく屋根用と家畜の敷草用の茅刈りが始まる。敷草用の茅はともかく、屋根用の茅は青いうちに刈ると葺き材としての耐久性に乏しいものになるので充分枯れてから刈る必要があった。従って茅刈りの時期は北日本では雪の降る直前の一〇月～一一月、関東以西の表日本では一一月～一二月が一般的であった。

又稀にではあるが、積雪の少ない地方では早春に刈る例もある。例えば岩手県の陸前高田市は北国ではあるが雪はほとんど降らず、毎年二月初旬に茅刈りを行う。この時期に刈られる茅はもと茅と呼ばれ、冬の間に葉が落ちた、芯だけの茅であり、葺き材としては上質で、秋に刈られる葉のついた茅（葉茅）に比べると約三割長持ちするという。このように葉を落とした茅は耐久性に富み、秋に刈った茅を、一本一本葉をすぐって落として葺き材とする新潟県糸魚川市のような例もある程である。葺き材の全てとはいかなくとも、屋根の要所にこの春茅を利用する地域も少くない。しかしながら全ての茅を春に採集できるのは前述したように雪が降らず、冬の季節風の弱い地域に限られ、多くの場合、茅は一冬越すと倒され、折れて春に採集できる量は限られてしまうのである。

運搬

茅刈りにも増して労力を要するのが茅の運搬であった。道の整備された平野部ではともかく、山頂や山腹の茅場では、ほとんど人力による運搬であり、補助的に鉄索道、荷車、馬、そして雪国ではソリが使われた。急斜面に作られた茅場は、道をつくりにくい半面、束にして転がり落とせる利点もあった。このような道や鉄索道は茅場を含めた薪炭材や飼料・肥料用の草運搬のため設けられ維持されるものであり、共有茅場がそれ単独では設けられず、薪炭林・採草地と共に切り拓かれていることの多い理由のひとつである。

関東地方で茅の単位に駄《だ》を用いることが多いのは馬に茅を運ばせたことに由来する。一駄は六把で、一把とは地域により少々差はあるが、北関東では周囲五尺の茅束で、馬の背に三把ずつ左右に振り分けて運んだという。人間が背中に担いで運べるのは、男で馬の三分の一、つまり二把が標準的であった。

雪国では雪を利用して茅を運ぶために雪の消える直前の三月頃に行われる。秋に刈った茅を一冬茅場に置いて春に掘り出してソリを利用して運ぶのである。そのなかでユニークなのは、白川村荻町の茅の運搬法である。ソリを使わず、直径一メートルほどの茅束を数束直列に連結して、先頭の茅束に人間がまたがり、舵をとりながら谷沿いに曲りくねって滑り落ちてくるのである。茅束にまたがりかなりのスピードで巧みに滑り落ちるにはそれなりの技術がいり、振り落とされないように必死なのであるが、遠くから眺めると、さながら猪の親子が数頭連なってスラロームするような、なかなかユーモラスな光景である。白川郷はこの茅のスラロームで春を迎えるのであった。

このように山村で茅を急斜面からおろすことには工夫のしようもあったが、そこから山道を家まで運ぶのは主として人力に頼らざるを得ず、茅を刈る以上の手間がその運搬にかかる場合がむしろ一般的であったといえる。そのことは茅採集における相互扶助が、茅刈りにはなく茅の運搬にのみ見られたり、あるいは相互扶助の構成範囲が茅刈りより茅運搬における場合の方が広い例が見られることに示されている。そのような相互扶助形態については次章で詳述することとする。

貯蔵

屋根を維持するのに必要な茅を、それぞれの家で個別に毎年少しずつ刈り貯える場合はもちろん、輪番で共同採集する場合や個別に刈って後に互いに持ちよる場合でも、ある程度の貯えは不測の事態のためにも各家で用意するのが常であった。

茅の貯蔵法としては屋内貯蔵と屋外貯蔵がある。屋内のうち茅貯蔵の専用の小屋を作る場合も稀にはあるものの、大半は屋根裏が利用された。屋根裏は茅の貯蔵にはうってつけであった。即ち、茅の貯蔵上最も重要なことは湿気を防ぐことであり、これが守られれば三〇年でも四〇年でも貯蔵可能なのである。加えて貯蔵期間中いろりの煙にいぶされた茅は防腐剤を塗られたようなものであり、長期間貯蔵された茅は、職人によっては葺きにくくて嫌われる程に乾燥していたという。

又屋根裏に茅を上げるのはそれなりに手間の掛かる仕事ではあるが、葺き替えの時には屋根の上にそのまま出せるので、その分だけ葺き替え時の茅上げの手間を減らすことになる。

ところで屋根裏に茅の貯蔵ができない場合がある。それは養蚕農家で、屋根裏を蚕室として利用する場合であり、戸外に貯蔵することになる。茅刈りを秋に行い翌春葺き替えというのが最も多いパターンであり、茅を長期貯蔵しない場合でも最低一冬は戸外貯蔵されることになる。戸外貯蔵の方法は一般的には次のようなものである。まず中心に芯となる丸太を立てその周囲に茅の根元を外に向けて斜めに立てかけ、円錐状に何層にも積み上げその最上部をちょんまげのように縄で縛る。これはニウ、ニュウ、茅ニウ等と呼ばれ、大きいものは高さ三メートル近くに達する

屋根裏貯蔵（石川県珠洲市）

茅にう（戸外貯蔵・岐阜県白川村）

ものも作られる。一冬の貯蔵であれば茅場の片隅に作られ、長期貯蔵の場合は集落の周辺に運搬して作られる。二、三年であればこのような方法で貯蔵できるが、それを越す長期貯蔵となると、例えば岐阜県白川村ではあらかじめ角材等でニウの底上げをし、ニウの頂部に茅で編んだ円錐状のふたをかぶせ、それを毎年交換することで風雨や日射から茅を保護し、更に内部が蒸れるのを防ぐために数年毎に茅の積み替えを行うという方法がとられる。こうしてはじめて戸外で二〇年以上も茅を貯蔵することが可能となるのである。

雪国では一冬の短期貯蔵法として独特の習慣が見られる。それは秋に刈った茅をそのまま家の周囲に雪囲いとしてかきつけ、翌春屋根葺き材として利用するという雪囲いと屋根の維持が茅利用の一連のシステムとして結びつけられた方法であり、これについては第五章で詳しく述べることとする。

茅の集め方

屋根を維持するのに必要な茅を集める方法には次の四通り認められる。

一、自力採集
二、共同採集
三、茅頼母子

四、購入

自分の屋根を維持するのに必要な茅を自ら採集するのは一、二、三に共通することであり、四はそれを金銭で買うものである。

自力採集は、茅刈り・運搬・貯蔵の全作業を各家で個別に行う方法である。共同採集と茅頼母子はそれを相互扶助で行うものであり、茅刈り運搬を助け合う仲間を結成し、共同で採集した茅を順番に受けとる仕組みが共同採集で、各家で個別に採集した後に茅の貸借を行うのが茅頼母子である。このような共同採集や茅頼母子によれば、屋根を葺き替える直前に茅をまとめて収集することも可能である。

茅を商品として売買するようになったのは茅葺屋根が減少し茅収集の相互扶助が成立しなくなった結果であり、特に平野部に残された茅葺屋根の家では地域を越えて広く茅を求めることになる。

共同採集には共有茅場の存在が前提となる。茅場を共有する人が、茅刈り・運搬の他に茅場の維持管理にそれぞれ出動する人数と日程を取り決め共同で茅を採集するのである。

ここでこのような共有茅場の利用形態を見てみよう。

共有茅場の利用法には二つ形態が見られる。個人採集と共同採集である。共同採集は茅場を共有する家が共同で茅を採集し、毎年順番に茅を受けとる方法であり、個人採集は各家が個々に採集する方法である。個人採集の場合は、共有権を持つ家が平等に茅場を利用できるように茅刈りの日時、出動する人数、採集できる茅量等が定められ、その違反者には罰則さえ科せられた。

例えば福島県三島町名入では五六戸のうち三三戸が茅場の共有権を持ち、共有権の株数に応じて各家から出る人数が決められ、茅刈りの当日、午前五時の号令と共に刈り始め、自分で刈った茅は全て自分のものとなる。共有権を持つ家で茅を刈る必要がない時は、その年に欲しい人に譲る。

（佐藤せつ子「会津の屋根葺き習俗」一九七四）

又、秋田県矢島町の須郷田・成沢・田沢の三集落の五〇戸は約一〇町歩の茅場を共有している。毎月一〇月末に茅刈りの日取りを決める集まりが開かれ、一一月上旬の茅刈りの期日を定める。茅刈りに出動する人数は各家から一日三人と定められている。刈った茅は各家毎にその日のうちに持ち帰る。

共同採集は茅刈りを手伝い合う家を定め各家から茅刈りと運搬にそれぞれ出動する人数が定められ、共同で茅を採集し順番に支給する仕組みであるが、この場合にも共有茅場に個人利用の余地を残す場合が多い。例えば福島県伊南村青柳は四〇戸で五〇〜六〇町歩の茅場を共有していた。その利用上の規則は次のようなものであった。

一、毎年正月の集落の寄合で個人採集用の一戸あたりの量が定められる

二、一〇月下旬から一一月上旬のうち、茅刈りの日を選び、翌春葺き替えを予定している家のための茅を刈る。これは各戸から一人出動して六〆《しめ》の茅（一〆は周囲六尺の茅束）を刈り所定の場所に運ぶ

三、個人用の茅を刈る日をその後に二、三日間定め、この期間内に各家では正月の寄合で定められた量の茅を刈る。その量は一戸あたり、雪囲いに使うための茅一〇〜二〇〆、家畜の敷草用の茅三〇〜四〇〆である
四、以上の茅刈りが全て終了すると「山あけ」となり、集落内の誰もが自由に刈ることができる

又、宮城県福岡村深谷部落は西南、東北の二つの茅仲間を構成し（各々約一二〇戸）茅の共同採集を行う。毎年茅の支給を受けようとする者は予め区長に申し出ることになっており、配当は各茅仲間年二戸ずつであり、従って六〇年に一度の割で茅の支給を受けることができる。茅山開きは毎年一一月二四日でそれから三日間区の山野委員長立会いのもとに、一日一駄の茅を刈り馬に乗せて運ぶ。この茅山開き以後は茅山の立ち入りは自由であるが、茅はほとんど残らない。運搬された三駄の茅のうち一駄は義務茅として、その年割当の家に持って行き、一駄は契約茅といわれ部落内の生活組織である契約講の仲間どうしで順番に支給を受ける。義務茅は、母屋の屋根葺き替えのためのものであり、契約茅は付属屋のためのものである。残りの一駄は個人用として各戸で茅屋根の応急処置や小修理に使われる。

（田中稔「東北農村における茅の供給関係について」）

又、新潟県糸魚川市高谷根では昭和三〇年頃まで深山の茅講と呼ばれる茅の共同採集が行われ

ていた。その概要は左記のようなものである。

一、茅講加入者は、茅刈り二人、茅の運搬一人、運搬のソリ道づくり一人、夏の雑草刈り一人の計五人を出動する

二、共同採集される茅は毎年約一〇〇〇把で、このうち半分の五〇〇把を翌春葺き替える家が受領する。残りの五〇〇把は抽選で順番に個人利用に廻される

このように共有茅場の利用形態としてその年、又は翌春に屋根を葺く家のために共同採集するのみならず、個人利用も併存させている理由は次の二点である。

一、各家の屋根の大きさにより必要とする茅量が異なり、全てを共同採集でまかなえば、労力に不公平が生ずる。そこでどの家にも必要な最低限を共同採集とし、残りは各家の必要に応じて自力採集する必要がある

二、定期的葺き替え以外にも、臨時の応急修理や、棟などの傷み易い部分の修理のためにも茅を必要とする。私有茅場を持たない家ではこのような茅も共有茅場で採集する必要がある

共同採集が労力の相互扶助なら茅頼母子《かやたのもし》は茅そのものの相互扶助である。血縁どうしや特につきあいの深い家どうしでは茅の贈答や貸借は、程度の差はあれ何処でも見られることであった。この茅の貸借を組織的・定期的に行うのが茅頼母子である。

茅頼母子は茅講、茅頼母子講・茅無尽等とも呼ばれる。この講とは宗教上・経済上の目的を達成するために志を同じくするものが結成する社会集団で宗教講と経済講の二つに分けられ、後者

は前者発展過程の中で出現した第二次的なものである。経済上の互助を目的とする講は頼母子講・無尽講と呼ばれ、久しく一般民衆の金融組織として機能してきた。

この頼母子講・無尽講は親と呼ばれる発起人と衆中・講中と呼ばれる数名ないし十数名の仲間で講が組織され、はじめに一定の口《くち》数と給付すべき金品を予定し、定期的に各々引き受けた口数に応じた金品の掛け込みを行い順次金品の給付を受け、講中の全てが給付を受ければ講は満了となり散会となる。現金の他に牛馬頼母子・畳頼母子・ふとん頼母子等があり、労力の相互扶助の仕組みに対して講の名を転用したものもある。

茅頼母子はこのような講のなかでも最大規模のもののひとつであり、一〇人から三〇人で仲間を作るのが一般的であるが、岩手県陸前高田市矢作町のように数集落にまたがり一〇〇戸近くの構成員から成るものもある。

茅を受け取る順番は、葺き替えの順番によって自動的に定められるのが通例である。

この茅頼母子はまず各家での自力採集が前提となり、茅頼母子講に加入すれば自動的に茅が貯えられ、しかも貯蔵のスペースが不要となる利点を併せ持つ。又複数の茅講に同時に加入することもできるような仕組みもあり、この場合には屋根の大きさに応じた掛け方も可能であり、共同採集に比べると茅刈り・運搬は各家で自由に行え、各家の事情に合わせた刈り方・貯め方のできる柔軟性の高い仕組みである。

この茅頼母子には明らかに二つ類型が認められる。

第一の型は固定的な茅頼母子であり、これは仲間を固定し、掛ける茅量を定め毎年欠かさず掛けるものである。加入者は毎年必ず茅刈りを行い、各戸から等量の茅が掛けられ、毎年順番に一戸ずつ、加入者が多い場合には二、三戸ずつ給付を受ける仕組みである。

第二の型は全体として掛け合う仲間は一定しているものの、毎年全加入者が掛けるとは限らず、又掛ける口数も一定ではない。原則として各加入者どうしの掛けた茅量と受けた茅量の帳尻が合えばよいのである。従って大きな家どうしでは多量の茅を掛け合い、又茅頼母子仲間の全ての家と掛け合い、小さな家ではそれに応じた範囲の家と掛け合うことができるという極めて柔軟性に富んだ仕組みということができる。

後者の例として例えば岩手県陸前高田市矢作町生出集落は一〇〇戸を超す戸数から成るが、ここでは全戸でひとつの茅頼母子を構成し、大きな家からは二駄、小さな家からは一駄を掛け合い、毎年二、三戸ずつ給付される。

又、岐阜県白川村では一〇人前後の茅頼母子が盛んに行われていて、その仕組みは次のようなものであった。

茅頼母子を結成する範囲は同じ集落が多いが、二集落にまたがる場合もあった。しかし一般的にはその範囲は集落内であり、一〇～二〇名で結成される。又、一人で何組もの茅頼母子に加入することも自由であり、良い茅場の所有者は加入の誘いが多かった。茅頼母子は、まず翌年葺き替えを希望する家が発起し、その名前をとって何々頼母子と呼ぶ。発起人は一口の量を決め加入者を募り、そのうちから茅頼母子を〆める人ひとりを依頼する。加入者は翌年葺き替えの前日に発起人の家に規定量を持っていく。それ以降は加入者が葺き替える年に順次受け取る。加入者全員が受け取ると茅頼母子は解散する。

図に示すのは一九三七年にA氏によって発起された茅頼母子の取立帳を整理したものである。加入者は荻町の住人一一名である。

この茅頼母子は一九五五年以降は未受領者が何らかの理由で葺き替えを断念したため、収支の帳尻が合わぬまま中途解散となっている。茅を受け取っていない五人のうち、H氏とK氏は第三回以降は支払っていないので中途退会と思われる。又、L氏は中途入会である。従って支払いを続けながら受け取っていないのは三人である。そして最後の受領者、G氏はそれまで一七〆を支払いながら一二〆しか受け取っていない。途中で支払いを止めた加入者が多いためである。その他の受領者六名は、いずれも支払量より受取量が多い。中途退会した二人と、茅を支払い続けながら葺き替えを断念した三人は茅を掛け捨てたことになる。このような中途解散は白川村の茅葺屋根が崩壊期を迎えた一九五五年前後特有のものであり、加入者全員が受領した後に解散するのが一般的であることは言うまでもない。

このような最終的な収支関係の他にこの茅頼母子からは次のような現象を読み取ることができる。

一、途中で入退会が可能である

二、毎回支払う量は三〆が一般的であるが、一〆、二〆、四〆の場合もあり、年によっては全く支払わない人もいる。その結果として受取量は人によって異なる

白川村荻町の茅頼母子収支一覧表

受取年月日 (年・月・日)	支払人氏名 ＼ 受取人氏名	A	B	C	D	E	F	G	H	I	J	K	L	受取合計
1937・4・18	A		3	3	3	2	3	3	1	3	3	3	—	27
1938・4・22	B	3		3	3	3	3	3	1	3	3	2	—	27
1940・4・24	C	3	—		4	3	3	3	—	3	3	—	—	22
1945・5・3	D	3	3	4		3	3	2	—	3	2	—	1	24
1951・4・25	E	2	3	3	3		3	3	—	3	3	—	3	26
1952・4・20	F	3	—	3	3	3		3	—	—	3	—	3	21
1955・4・	G	3	—	—	—	3			—	—	3	—	3	12
未受領	H													
	I													
	J													
	K													
	L													
	支払合計	17	9	16	16	17	15	17	2	15	20	5	10	159

三、受取りは毎年ではなく数年飛ぶことも多い

一、二はこの茅頼母子が最終的に加入者各自の収支が合えばよく、その加入者による支払量（受取量）の差は厳密なものではないことを示している。即ち各自の必要量に応じて支払えばよく（支払った分だけ受け取れる）、又年による刈り取り量の多少で支払う量を加減できたことを示している。

このような荻町に於ける茅頼母子の持つ柔軟性は、これが集落内の小組織であり、いくつかの頼母子が併立し各家は任意にいくつもの頼母子に同時に加入できたことと無縁ではない。各家はその家の大きさ、茅場の条件、茅刈の方法等に応じて茅頼母子に加入することができたのである。

以上自力採集、共同採集、茅頼母子がどのようなものであるかについて述べてきた。このうち茅集めの基本となるのは自力採集である。茅頼母子は毎年各家で少しずつ刈り集めたうえで、貸借を行うのであり、共同採集を中心に茅を集める場合も、それだけに頼るのは極めて稀で、ある程度の量は家の大きさに応じて自力で刈り貯えているのである。

第三章——屋根を葺く人々

相互扶助のかたち

　茅葺屋根の葺き替えには多大な労力を必要とする。家の大きさによっても異なるが、屋根全体を葺き替えるとなると一〇〇人を超す人手がかかることも稀ではなく、大庄屋の家となると延一〇〇〇人を超す村人が集められた例もある。しかも、新築の場合はともかく、生活している家の屋根を裸にするのであるから、少人数で長期間にわたってのんびり作業することはできない。

　このように一日に大勢の人々がどのような範囲からどのような仕組みで集められたのであろうか。


　茅葺屋根を葺くことを生業とする人はカヤテ・フキシ・ヤネフキ・フキサン等と呼ばれ、この職人を中心に手伝いの村人が下働きとなって屋根を葺く。これが最も一般的な屋根を葺く際の人々の係わり方の在り様である。しかし職人の存在無しに村人の力だけで屋根を葺き、維持してきた地域も少なくなく、一方で村人の相互扶助は全く姿を消し、職人のみで屋根葺きの全工程を行う例も特に近年顕著に見られる傾向である。

　このように茅葺屋根を葺く職人と相互扶助による手伝いの関係には実に多様な形態が認められるのであるが、それらについては後で述べることとし、まずはじめに村人の相互扶助の諸相を一通り見ておくことにしたい。

日本の近世村落社会における生産や生活の労働の相互扶助慣行としてはモヤイ・ユイ・テツダイの三形態があり、その概略はおよそ次のようなものであることが知られている。

モヤイは仲間で共同に働き、その成果を平等に配分する労働慣行でモエ・モヨイ・ナカマ・ウチワ・ノリ・ヨリアイ等と呼ばれる。漁撈や狩猟に多く、農業生産には稀である。生産の土台になる土地・漁場が共有で、使う生産用具の簡単な場合に限られるからである。農耕では焼畑の火入れや共有田の耕作にみられた。また水車や共同風呂の利用にモヤイの仕組がかなり見られ、あるいは共有山からの自家用薪材の伐出しや屋根葺き材の採取などにもみられることがあった。地方によっては配分を伴わない共同労働をモヤイと呼ぶ場合もある。道づくりや村社の手入れ等の村仕事をモヤイと呼ぶ例である。

ユイは本来結合を意味する言葉であるが、労働交換を指す語として広く用いられてきた。モヤイが漁撈において盛んなのに対して、ユイは農業に盛んである。エエ・イイ・イユ・ヨエ・ヨイコあるいはテマガエ・テマガシ・テマガワリ・テマグリ・アイアイ等その呼び名も地方毎にいろいろある。またユイの行われる場合もきわめて広く、稲作では田植をはじめとして田打ち・草取り・稲刈り、畑作では草取り・茶摘み・肥はこび・畑打ち・果実採取・養蚕の繭かき・上簇やコウゾむき・カキむきあるいは土地改良、薪伐り等生産過程の万般にわたっており、さらに屋根葺・味噌煮・餅つき・機織りからあんま・髪結い・灸すえ・風呂での肩流しなどにまで、この語が用いられている。

ところで今日残っているユイの形には明らかに二つの方式が区別できる。一つは仲間がまとまった共同作業団をつくり、仲間の家仕事を順次まわって済ませて行く形であり、他は家同士で個別に仕事の交換・貸借をし、まとまった協業団ができないものである。前者を狭い意味の共同労働とすれば、後者は労働交換ということになり、事実テマガエ・テマガワリはこの形だけを指している。

まとまった協業団、つまりユイ組による共同労働は田植えの場合が最も多い。一〇戸内外がまとまって一つの田植え作業団をつくり、順番に田植えを済ませていくもので、一戸から三、四人ずつ出役し、その回り順にも一定のきまりがある。現在ふつうに行われているユイは家同士が個別に行う労働交換で、近隣や親類で申し合わせて仕事の助け合いを約束し家内労働の不足を補うもので、だいたい一戸で数戸の仲間ができる。テツダイは期待しない片務的な労働提供をいう。田植や稲刈りの際に特定の家から働きに来てもらうが、先方へは行かない。そのかわり生活のめんどうをみてやったり、盆・正月や節供にいくらかの物品を贈るといった程度の反対給付がそこにはあった。ユイはほぼ対等の間柄のイエ関係であるのに、テツダイはむしろ上下的な関係のイエのあいだに行われるものである。テツダイの最も典型的な形は、身分関係に立つ古い地主小作関係におけるものであった。いわゆる名子制度の小作関係では、家屋敷や田植・採草地などを地主から貸与されるかわり、毎年二〇～三〇日程度地主の家へ無償で働きに行くのである。このようにテツダイはその仕事に関しては無償労働であるが、何らかの形で反対給付があった。今日テツダイはむしろ交際上の義理として残っていることが多い。

（日本民俗文化財事典）

屋根葺きに際してもこのモヤイ・ユイ・テツダイの三つの相互扶助形態が見られ、ユイのなかにも二通りの形態が認められるのは前述の事情と同様である。この他に労力の提供に対して賃金で清算する方法も見られる。これは貨幣経済の浸透や茅葺屋根の減少で村人の相互扶助が成立しなくなった近年に見られる現象である。

共有茅場から共同で茅を採集し順番に利用するのはモヤイである。

このような屋根葺きに係わる労力の相互扶助の諸形態は労力の貸借の契約形態から次の四つに分類できる。

一、共同労働
二、労働交換
三、労働奉仕
四、賃労働

共同労働は屋根葺きを助け合う仲間を固定し、仲間の屋根を順番に葺き替えていく仕組みであり、屋根葺きそのものばかりでなく茅採集から屋根葺きまで一貫して同じ仲間で助け合う場合も少なくない。これに対して労働交換は助け合う仲間を固定せず、個々の家どうしが任意に助け合い、一人に対して一人返す対等な労働交換である。労働奉仕は返済を期待しない片務的な労働の提供である。賃労働は労力の提供に対して賃金を支払って清算する形態である。

共同労働

共同労働はその母胎となる組織の性格により次の三つの型に細分できる。

一、集落の共同労働（集落全戸を母胎とするもの）

二、近隣組の共同労働（近隣組を母胎とするもの）

三、屋根葺き組の共同労働（村の生活組織と切り離して屋根葺きのためだけに別組織を作るもの）

この三つの型のうち一、二は村の生活全般にわたる相互扶助の一環として屋根葺きも助け合うものであり、三はそれらとは切り離して屋根葺きのためだけに仲間を作るものである。一と二の違いはその組織の大きさの違いである。

第一の型の集落の共同労働は、集落が著しく大きい場合はその生活組織もいくつかに細分されていることもあるが、集落全体が一単位となるのが一般的である。構成する戸数は小さいもので石川県珠洲市洲巻の一三戸、大きなものとしては沖縄県国頭《くにがみ》村安波《あは》の九〇戸という例がある。

集落全体の共同作業であるから、葺き替えの順番・時期は集落の寄合で決められる。一戸から出る人数も定められていることが多いが、なかには集落内の成年男子全員という定め方をしている地域もある。例えば福井県五箇村では葺き替えは集落全体の共同労働で行われ、その実態は次のようなものであった。

福井県五箇村でフシンと云ふのは屋根替をも含む建築一般の事であるが、これをヤヅクリとも云つて普通の場合は屋根葺き替への事に用ひてゐる。此のフシンはそれぞれのカイチ（部落）が一単位となつて行ひ、春先きに催されるお講の時に希望者は申出で、年に二、三戸位までを程度として順次を決定し、雪溶けを待つて、いづれも五月上旬までに葺き替へられる。大きな家又は総葺替等にて人手を沢山要する時にはオトコガシラで頼みますとフレ廻り、その際にはカイチ内の十五歳以上の男子は残らず出動するが、普通の場合には一戸から一人宛が出動する。当日は未明三時頃から勢揃ひして、四十二歳以下の者は山へ茅刈りに出かけ、四十二歳以上の者は留まつて古屋根を未明中にメクリ終り、やがて青年組の運び出す茅で新らしい屋根を造りつける。茅刈りは一人前が九束であつて、これを三束宛三回に運ぶのが通例である。この作業の総指揮をカシラ又はヤクインとも云つて四十二歳迄の青年組中から年長者で有能な人が選挙される。此のカシラの権限は殆ど絶対的なものであつて、作業全般を指揮するのみならず、材料、人手の過不足を考慮して、他カイチにこれを求め、又は融通し、欠勤者がある場合はこれを訊問して処罰する事も出来る。此の屋根用の茅を春芽と云ふが此の春芽は個人所有の山の何処からでも無償で自由に刈り採る事になつて居る。のみならず各個人は自家の山の所産と雖も、此のカイチのフシンが全部終了する迄は絶対に採取する事を禁じられて居る。又カイチ内には数十年前から瓦、杉皮葺等の屋根の家も若干出来てゐて、それ等の家は概して有福な家であるが、然し此のカイチのフシンには必らず出動しなければならぬ。食事は普通の場合だと、ヒルとコビルの二回を葺いて貰ふ家から出すが、オトコガシラの場合にはヒル飯のみで、且つ多少に拘らず必ず粟を交ぜる事になつて居る。又ジヒで頼みますとフレのあつた際には、全部の人々が手弁当で出動する。同村の下打波の方ではヒル、コビルの外に晩飯も出し、酒も出して踊りなどがある。以上は年毎の定例によるフシンの場合であるが、臨時の場合にはヨリヤトードで頼みますとフレて廻る。此の際には村人等は努めて出動するやうにはするが、やむを得ない支障があれば強いて出なくともよろしい。又此の際の食事は朝昼晩共に全部その家で出す事になつて居る。但し賃金などはむろん出さない。

（橋浦泰男「協同労働と相互扶助」一九三七）

又、沖縄県国頭村安波は九〇戸の集落であり、ここでは、特に大きな家を除くと茅刈りから葺き替えまでを村人総出で、全て一日で済ませてしまうのが慣例である。葺き替えの日には各家から最低一人は出動するのが義務と考えられているが、六〇歳以下の成年男女はほとんど出動し、一〇〇人を超す村人が集まる。葺き替えの日、仕事は未明に始まる。四〇歳以下の男と女の全員は茅刈りに、四〇歳以上の男は屋根の古茅を降ろす作業に、六〇歳を超す老人は縄ないといった分担で仕事は進められる。夜が明け、茅が少しずつ運搬されてくるころには、古茅降ろしは完了し、屋根葺きが始まる。昼前には茅の必要量がほとんど集められ、茅刈り・運搬が終わると女の仕事はおしまいである。茅刈りを終えた四〇歳以下の男は屋根葺きに加わり、夕方までには葺き上げる。

この二つの例に見られるような茅刈りから葺き替えまでを村人総出でわずか一日で済ます例は極めて稀なものであり、前年の秋に茅刈り、翌春葺き替えを行うのがより一般的方法であるが、いずれにしても茅刈りから葺き替えまでを集落全体の共同労働で行うのが茅葺屋根の維持方法の原型といえよう。

ところでこの集落全体を動員する共同労働は、道普請、橋普請、用水といった村仕事（村の公共事業）を行う組織と母胎を同一にし、その強制力や村人の義務感もほぼ同様のものであり、私有財である家の屋根の維持にもかかわらず、村仕事とみなされていると言わねばならない。それは二つの地域で茅葺き程維持に人手のかからない杉皮葺きや瓦葺きの家からも、他の家と同様に茅葺きの葺き替えに参加することに端的に示されている。

この背景には「母屋の屋根は村の共同財産であるから粗末にすると憎まれる」（千葉県亀山村）、「茅葺屋根を他の屋根構法に変える時は組内の人々が解体した茅を等分して持ち帰る（古茅は肥料として貴重品である）」（高知県檮原町）という事実に示されているように、住宅は個人の所有であると同時に社会財であるという認識を読み取ることができよう。

これはその住宅が村人の共同労働によって作られたことと無縁ではなく、たとえ他人の家であろうと粗末にした結果の負担は直接集落全体に及ぶので、それをより良く維持しようとするのはむしろ当然のことなのである。従って家の大小や、家族数の違いからくる労力提供上の多少の不平等はほとんど問題とならないのである。

第二の型、近隣組の共同労働の近隣組とは、集落の下部組織で、一般的には向こう三軒両隣りの関係による近隣集団である。伍長組・什長組・五伍組・十戸組・組合などと呼ばれ、江戸時代の五人組制度の残存であり、その伝統を受けて明治初期に改編され、その後制度外の存在と化しても集落共同生活の必要上保持され、又改編されたものである。五～一〇戸で構成され、集落共同生活の最小単位である。この近隣組は村仕事を分担して行う場合の最小単位でもあり、婚姻・葬儀に際してはその組内、又は複数の近隣組の合同で相互扶助を行うという機能を持つ。

この近隣組による共同労働は、集落全体の共同労働と異なり、葺き替えの数日前に組内に通知し、手伝いを頼み回ればよい。手伝いに出る人数も特に決まりはない場合が一般的で、必要な時だけ、又は頼まれた時だけ手伝うという認識に基づいている。このように、この場合の屋根葺き替えの主体はその家にあるとしたうえで、その手伝いは日常の生活上の相互扶助、近所付き合いの一環として把えられ、第一の型のような公共事業的性格は認められない。手伝い合う人数は屋根葺き替えに関してだけ見れば、不平等な場合もあるが生活全体の相互扶助として見れば必ずしもそうではない。例えば近隣組内の茅葺きの比率は半分以下の場合でも葺き替えに際しては組内全戸から手伝いがある。これは、昔からの借りを返すためばかりでなく、この手伝いが生活全体にわたる相互扶助の一環であるという性格をよく示している。

第三の型の屋根葺き組は農業生産・村落生活の全てにおいて同一の共同組織を組んでいた固定

的な中世的共同体から、各々の契機で各々の都合の良い家と共同組織を組む、いわゆる共同体の分化の一例と見ることができる。

このような組織は固定的なものと、組内の家々の葺き替えを一巡すると解散する一回限りのものの二通りある。前者の例として、高知県檮原町上本村は三四戸から成る集落である。ここでは家普請と屋根葺き替えを共同で行う普請組の他に、葬式に際しての相互扶助を行う死人組、祭を共同で行う、えびす組等のように共同体の分化が顕著に見られる。これらの組織は各々一〇戸前後で構成され、その構成員は組の種別によって異なっている。このうち普請組は集落を三つに分けて作られている。この普請組による屋根葺きの相互扶助システムはおよそ次のようなものであった。

一、葺き替えに要する全日（足場づくりは含まない）男一人
二、葺き替えが主屋の場合、茅を二〆（一〆は周囲を三メートルの縄で縛れる量）、駄屋（納屋）の場合は一〆を供出する
三、共有茅場での茅刈りに男一人・日、その運搬に男一人・日

普請組には普請組庄屋と呼ばれる世話人が決まっていて、葺き替えの順序、期日の調整、通知と葺き替え当日の人員配置等を行う。年一棟が原則だが、主屋が小さい家の場合はその付属屋も同時に葺き替える。但し主屋二戸を同じ年に葺くことはなかった。このようにして組内一三戸四二棟が平均二五年周期、毎年二棟のペースで葺き替えが行われてきた。

後者の例として新潟県糸魚川市高谷根は四六戸からなる集落である。ここでは茅葺屋根は東西

二組の茅講と呼ばれる屋根葺きと茅収集の相互扶助によって維持されてきた。ここでも茅葺屋根は年々減る一方で、現在は西側に残る一二戸の茅葺屋根の家の間でこの茅講が存続しているに過ぎない。その概要はおよそ次のようなものである。

茅講の加入者は次の項目のものを毎年供出する。

一、茅一〆（周囲一丈七尺五寸）

二、葺き替えの手伝い男女各一名

三、職人一日分の日当にあたる金（一九八〇年は九五〇〇円）

前の年に落札した家が茅講の世話人となり、茅と掛金の徴収、翌年の落札者の決定を行う。まず葺き替えの時期が近づくと世話人は落札者と相談のうえ茅講を〆める日と葺き替えの日程（茅講を〆める日の翌日から始めることが多い）を決め各家に知らせる。当日茅講を〆めるために全員規定量の茅を持って集まると、翌年の落札者を決める話し合いが行われる。この時、希望者は申し出る。競合する場合は少ないが、その場合は世話人が調整する。それでも決まらない時は抽選となる。遅くともその年に茅講を落札した家が屋根を葺くまでに翌年の落札者が決まる。又希望者がいない場合も抽選で一人決められる。この茅講は一度落札すると全員が落札して満会となるまで同じ家は二度と落札できない。しかし落札者から権利を買うことは可能で、稀にそのような事がある。

この茅講は、この集落に残る茅講記帳（その年の世話人が所有）によれば現在は第六回である。それによれば第一回～第四回迄は記帳が無く不明であるが、第五回は昭和三七年に始まり昭和五〇年に満会となっている。講中（加入者）は一四名であった。又第六回は引き続き昭和五一年に始まり続行中である。講中は一二名である。茅の掛量は第五回が一〆周囲一丈三尺であったが、第六回は一〆周囲一丈七尺五寸となっている。これは講中の減少に伴い一戸あたりの負担量が増えていることを示している。又、第三回迄は茅の他に縄を五〇ヒロ掛けたが、その後は行われていない。

以上共同労働を三つの型に分け各々についてその性格を明らかにしてきたが、ここでまとめると左記のようになる。

	構成の範囲	順番・時期の決定	同組織によるその他の共同労働
集落の共同労働	集落全体	集落の寄合	村仕事
近隣組	向こう三軒両隣り	当家の判断	村仕事の分担、婚姻・葬儀等の互助
屋根葺き組	集落内の任意組織	組の会合	無

労働奉仕

労働奉仕は労力の一方的提供であり、親族間・近隣間にも見られるが、その典型は同族制村落におけるものである。同族制村落とは簡単にいうなら大地主たる本家とそれに従属する分家と小作とによって構成される村落である。このような階層差の明確な社会においては、階層差により家の大きさが異なり、本家の家は分家・小作の家に比べ数倍に及ぶことも少なくない。このような本家の屋根葺き替えは分家・小作による多大な労働奉仕によって行われてきた。

例えば岩手県旧荒沢村石神は部落の草分けである大家とその血縁分家である別家、奉公人分家である名子、小作人である作子で構成されている。ここでは屋根葺き替えは、石神を含めた周辺の数部落にわたるスケアイと呼ばれる相互扶助で行われてきたが、中心となるのは部落内の相互扶助である。これは同格の別家・名子・作子間だけではなく、大家と別家・名子・作子間においても行われてきたが、大家の家はその他の家の数倍に及ぶので大家に対する労力の贈答は、大家から受けるそれに比べ、比較にならない程多いものであった。部落内の別家・名子においても家屋の大小の差があるから、厳密には同量のスケを贈答するものということは出来ないが、彼らの間における差異は彼らと大家の差異のように掛け離れたものではないから、ほぼ同等とみて差支えない。

（有賀喜左衛門「大家族制度と名子制度」一九六七）

このような大家に対する別家・名子との間に見られる労働奉仕は、別家・名子からの一方的な贈答に見えるが、別家・名子の成立の過程を見るなら必ずしもそうでないことが理解できる。即ち、大家から家の新築、屋敷・耕地・山林の分与を受ける別家はもとより、家を与えられ、無償で耕地の貸与を受ける名子は、その代償として大家への労働奉仕を行うのである。特に名子の場合は、屋根葺き替えの他に農業生産から日常雑務に至るまであらゆる労働奉仕を行う。有賀喜左衛門はこのような大家の庇護―別家・名子の奉仕の関係を全体的相互扶助関係と呼んでいる。

このような本家への労働奉仕は、この石神のような集落全体に及ぶものではないが、同族結合の見られる集落には少なからず認められる。例えば新潟県糸魚川市高谷根では同族は家内（やうち）と呼ばれる。ひとつの家内は五～七戸から成り、葬儀・婚姻等の他に家普請・屋根葺き替えの相互扶助を行う。この場合も石神程ではないが、本家に対する分家の労働提供は、その反対給付をはるかに上回るものになる。

以上のような同族間における労働奉仕の他に、親族間における労働奉仕はなお広く見られる現象である。これは庇護に対する奉仕ではないので同族間における労働奉仕とは性格を異にする。この典型は婚姻関係にある間におけるもので、必要な労力を提供し合う形態であり、屋根葺き替え以外に、葬儀・婚礼その他生活全般にわたる密接な相互扶助の一環といえる。

労働交換

労働交換は個々の家どうしが任意に行う労力の交換である。葺き替え労力としては、男同士の交換が一般的であるが、葺き替えに伴う炊事の手伝いとして女どうしの労力交換も見られる。但し母子家庭や男子が病気等で出られない場合には女が代行することも可能である。又、女は男の〇・七人に数えるところもある。このように貸借の人数は比較的厳密であり、貸借の清算が長年を経た後に行われるということもあって、手伝いに来た人の名前を記録する場合が多い。どの家と労働交換の関係を結ぶかは、その家の付き合いに応じて適宜行われ、借りを返せばその関係は清算されることになる。とはいえ一度労働交換の関係を持つとその関係は双方の条件が変化しない限り固定的になる傾向はある。

労働交換の関係を結ぶ範囲は、集落内が一般的であるが、その家が大きく多人数の労力を必要とする場合には、関係を結ぶ相手が数集落にまたがることもある。労働交換の関係を結ぶきっかけは、まず自らが自主的に手伝いに行き貸しを作ることから始めるのが一般的である。次回の自分の家の葺き替えの際は貸しを作った家に手伝いを頼み廻るのである。この際、頼まなかった家からの手伝いが来れば、これらの家とも労働交換の関係が生まれることになる。

ここまで共同労働・労働奉仕・労働交換がどのようなものであるかについて述べてきた。ところで屋根葺き替えにおいてこれら三つの相互扶助のうちひとつだけで人が集められるのは、集落全体の共同労働で行う場合だけで、一般的には、それらを併用して村人が集められる。その際にこの三つのかたちはどのような働きをするのだろうか。

たとえば、高知県檮原町上本村では屋根葺き組による共同労働と集落内のそれ以外の家との労働交換、集落外からの親族による労働奉仕の三方法により労力が集められる。このうち中心となるのは屋根葺き組であり、組員は通常二〜三日を要する葺き替えの全日に男手全員が出動するのに対して、労働交換によるものは一戸から一〜二人・日が通例である。労働奉仕はその親等に応じた手伝いが出される。

岐阜県白川村島は一〇戸で構成される小集落である。ここでは葺き替えは隣集落の戸ヶ野との共同労働組織が組まれている。これに加えて他の集落の家との労働交換や親族による労働奉仕で労力が集められる。葺き替えは家の大小を問わず二日間で行われる。初日が解体と下地修理、二日目が屋根葺きである。比較的少人数で行える初日は、共同労働による手伝いが中心で、多人数を要する二日目はそれに労働交換による手伝いが加わる。親族による労働奉仕は親等に応じて手伝いを出す。この地域で葺き替えが二日掛かりで行われるようになったのは、ビニールシートが普及した近年のことで、以前は必ず一日で全てを終わらせていた。この場合も工程上の分担は同様であり、共同労働による手伝いは早朝から解体下地修理を行い、労働交換による家は屋根葺きから参加するのが通例であった。

岩手県旧荒沢村石神は一軒の大地主とその分家・名子・作子等で構成される同族村落として知られる。大地主の家の葺き替えは部落内の同族による労働奉仕・部落外の家との労働交換・部落外の親族からの労働奉仕により労力が集められた。この場合に中心となるのは部落内同族による労働奉仕であり、他の二方法によるものが一戸から一日の出動であるのに対して二〜三日を要する葺き替えとその前後の準備・後かたづけの全日の出動が通例となっている。このような多人数の労働奉仕が行われるのは大地主に対してに限られ、分家・名子・作子の家の葺き替えの際は、部落の共同労働と部落外の家との労働交換・部落外の親族による労働奉仕で労力が集められる。この場合には中心となるのは部落の共同労働である。

（有賀喜左衛門「大家族制度と名子制度」）

以上の例に示されるように、相互扶助による労力の集め方は、まず共同労働がその工程上及び人数上の中心的位置を占め、それを補助するかたちで任意の労働交換や労働奉仕による手伝いが加わるという二重の構造をとり、更に一戸あたりの労力の負担においても、共同労働を行う仲間の家からは、任意の労働交換の関係を持つ家より二、三倍多くの人数が出されるという意味でも二重の構造になっているのである。このような相互扶助の二重構造の存在の理由は、

一、屋根葺き替えが、各家が個々に行う労働交換や労働奉仕でのみ労力を集めることが困難である程の規模である。即ち、確実に信頼できる固定的な核が必要となる

二、共同労働にのみ頼らないのは、各家の大きさの違いに対処するためである。即ち、共同労働において極端な不公平が生まれるのを避けるとすると、どの家にも必要な人数を共同労働で集め大きな家ではその不足分をより多くの家々と労働交換・労働奉仕の関係を持つことで補足することができるからである

茅葺き職人の発生

職人の存在なしに屋根を葺く地域では村の男は皆茅葺き職人といえる。毎年行われる屋根葺き

を手伝ううちに自然と茅葺きの技能を身につけるのである。

屋根葺きの仕事は大きく屋根の上の仕事と下の仕事の二つに分けられる。屋根の上では古茅の解体、下地の修理、そして茅を並べ固定する仕事である。下の仕事は地走りと呼ばれ屋根の上の人の補助役として茅あげや屋根裏で針を受ける仕事を行う。屋根の上の仕事は主として成年男子の仕事であり、補助役は女性や年配者の仕事といった役割分担が一般的に見られる。

屋根の上の仕事も同等の技量の人々によって葺かれるわけではない。器用さの個人差を超えた茅葺きに習熟した人が重要な役割を果たしているのを見逃すことはできない。

この役割は主に二つある。第一に多数の手伝いの人の配置や葺き方の全体的調整を行うことであり、第二に技術的に難しいところを葺くことである。この二つの役割は同一の人によって行われる場合と、分担して行う場合がある。例えば、高知県檮原町では、この役割はそれぞれ屋根葺き庄屋とスミフキと呼ばれる。屋根葺き庄屋は集落内に正、副の二人がいて、正が都合の悪い場合は副が代行するが、主に正庄屋が全体の人員配置と指揮を行う。この屋根葺き庄屋は終身制である。スミフキは、茅葺屋根の四角を葺く人の名称であり、集落内にスミフキと呼ばれる人がいるわけではなく、スミフキのできる技能に熟練した人という意味である。寄棟、入母屋の屋根の角《すみ》は、葺き方に技術を要し、又屋根全体の厚みを決める定規となるために平部分に先行して葺かれる屋根葺きの要所である。屋根葺きでスミフキとなることは名誉なことと考えられ、四人のスミフキは自分の担当した部分に責任を持ち、後々良きにつけ、悪しきにつけその部分の角を葺いた人は忘れられることはない。

このような調整役と技能熟練者は他の手伝いの人と同等の相互扶助によるものなので職人とはいえないがその仕事に誇りを持ち、その仕事をした人が特定できること、即ちその人の仕事に社会的責任が生じていること等から、職人としての性質を備えていると言わなければならない。この調整役と技能熟練者は他の村人だけで葺く村にも広く認められる。例えば、岐阜県白川村では合掌造りのけらば部分を葺く人をカタキリフキと呼び、全体の調整役を世話役と呼ぶ。その機能と性格は檮原町と同様である。同じ合掌造りでも富山県平村では、屋根を細分して葺き替えるため、ハフフキ（けらばを葺く人）が全体の調整役も兼ねる。

沖縄県国頭村安波ではズダツと呼ばれる世話役、ヤネフキャーと呼ばれる熟練者の他にヤクゥワサーと呼ばれる葺き上がった屋根を刈り揃える専門の人がいる。これは集落内の六〇歳以上の老人で器用な人が行うことになっている。安波では六〇歳以上の人は屋根葺きに参加する義務はない。このヤクゥワサーは葺き上がった後に登場するのであって、相互扶助慣行とは切り離されたものである。従ってこの仕事にだけは報酬を受け取る点からは職人といえるが、仕事の範囲が集落内に限られる点からは職人とは言い難い。むしろ年齢を考慮した広い意味での相互扶助であり、同種労力を返済する機会が少ないので金銭で清算する形態をとったものと考えられる。

このように村々だけで葺く場合にも、技能的、社会的に職人的存在が既に認められるのであり、これらの存在無しには屋根葺きという大事業が円滑に運ぶことは難しいことであったのである。

さてこのような茅葺きの要所を葺き、全体的調整役を果たす人が相互扶助による手伝いから区別され、専門化・職業化したのが茅葺屋根職人である。このように茅葺き職人と技能に長じた村人との区別は必ずしも明瞭ではなく、例えばその技能を指標にとれば村人の中にも職人並みの腕を持つ熟練者も少なくない。ここで茅葺き職人を定義すると次の三つの条件を同時に満たすものということになる。

一、茅葺き職人として一般の手伝いと区別する名称を持つこと
二、屋根葺きを行い一般の手伝いと異なる特別の報酬を得ること
三、屋根葺きの相互扶助慣行の行われる範囲外の家の屋根葺きを行うこと

それでは次にそのような職人が村人を指導しながら葺くようすを見てみよう。

例えば、糸魚川市高谷根では職人は一～二名であるのに対して手伝いは最も多い日で一五名前後である。

屋根葺きの全工程のうち足場づくりや後かたづけは手伝いの仕事であり、仕上の屋根刈りは職人だけの仕事である。残る工程は職人と手伝いの協力で行われる。その分担は次のようなものである。角や破風、棟は分割して葺き替える場合の葺き合わせ部分等の技術を要する部分を職人が葺き、平部分は手伝いの中で手慣れたものが行い、更に職人は手伝いの人が葺く際にのべ茅の入れ方や針をとる位置等を指導するのである。

岩手県旧荒沢村でも職人と手伝いが共に屋根を葺くことが知られている。ここでは前記の高谷根と同様な分担で行われ、特に棟仕舞は職人の仕事となる。また屋根葺きだけは組のも

のが行い、仕上のヤネカリだけを職人に頼む場合もある。これは葺いた後、茅を刈りならす手練を要するので素人には難しいからである。この場合、サシガヤがまた技術を要する仕事であって、これは屋根を葺いた後に茅の薄い部分に別の茅を指し加えて刈りならすのであるが、要するに葺き方が悪くて凸凹があると水分が溜り、その部分から腐るのでよくならすことは屋根の耐久力に非常に影響するものとして仕上げが重要視され、専門の職人を要求するのである。

（有賀喜左衛門「大家族制度と名子制度」）

このように専門化した屋根職人の果たす役割は共同体型の熟練者の役割と基本的には変わりないが、棟仕舞や仕上の屋根刈りが重要視されるようになり、この工程は職人の仕事となるという変化が見られる。職人の発生が茅葺屋根の見えを重視する傾向を導くこととなるのである。もちろん村人だけで葺く場合でも屋根刈りは行われるが、職人が行う場合とは比較にならない大ざっぱなものである。これに対して前述の高谷根の場合、職人の仕事のうちこの仕上の茅刈りに要する手間は全体の三割を占める程である。

又、屋根の弱点でもあり、最も目につくところでもある棟は職人の腕の見せどころとなり、技巧を凝らした装飾性豊かな棟仕舞が生まれることになる。

茅葺き職人集団

職人への依存度がより高まった例として、屋根を葺くのは職人、村人はその下働きという役割分担が明確になった形態を特に関東や近畿地方の平野部に見ることができる。

例えば茅葺き職人の多いことで知られる茨城県八郷町では職人三〜四人に、職人一人につき一〜二人の茅あげの村人がついて屋根を葺く。屋根葺きに先だつ古茅おろしと足場づくりは前日に全て村人だけで行い、又同時に行う下地の補修、例えばたるきとこまいの交換と縄の結び直しにも職人は一切参加せず、指示することもない。その間職人は軒先や角に使う茅の下ごしらえを行う。前述したような分担で屋根を葺き上げると、仕上のハサミ刈りや棟仕舞は職人だけの仕事で、家人が手伝いを務める程度である。

又、京都府美山町ではより職人への依存度が高く、職人一人につき手伝いが一人つくのが通例となっている。ここでは足場づくりから、古茅おろし、下地修理、屋根葺き、仕上、後かたづけの全工程にわたって職人が主体となる。

この方向が更に進むと屋根葺きの全工程を職人だけで葺く形態も現われる。

ところでこのような茅葺きの主体の村人から職人への移動は、当然ながら相互扶助形態の変化と密接に絡み合う表裏一体の現象である。つまり村人だけで葺く場合の相互扶助は集落全体の共同労働又は屋根葺き組の共同労働に依っており、このことは一〜二人の茅葺き職人が村人を指揮して屋根を葺く形態においても変化はない。しかし屋根葺きの主体が職人に移ると、即ち村人が屋根の上で茅を葺かず、下働きに徹するようになった場合の相互扶助は、家どうしが任意に行う労働交換に依る場合が多く、共同労働に依る場合も、それはずっと小規模な近隣組に依るものとなるのである。又、労働交換なしで家人や血縁者の手伝いだけで済ます例も少なくない。

屋根葺きの主体が職人に移り、屋根葺きの相互扶助が小規模化する一方、茅の採集には職人は存在しないので、依然として多人数による共同採集は存続することになる。従って屋根葺きの主体が職人にある地域では、茅採集の相互扶助が葺き替えの相互扶助を上回る規模を持つ場合も生まれる。

例えば川崎市多摩区岡上は七〇戸前後の部落であった（現在は宅地化が進み五〇〇戸を超す）。ここでは生活組織として、部落を四つに分ける講中、更に講中は約五軒を単位とする組合があった。それらの組織の機能は次のとおりである。

村単位　総会、神社祭礼、榛名講、山刈り、道普請、消防、茅刈り
講中単位　寅待、地神講、念仏講、お日待講、葬式
組合単位　田植、結婚式、節供、屋根葺き

このように、茅刈りは部落全体の共同労働であるのに対して、屋根葺は組合の共同労働となっている。また、組合内の者とそうでない者の係り方に濃淡がある。即ち、茅場で茅を刈るのは組合の者と親戚の者で、茅を家まで運搬するのは部落全員の共同作業で各戸茅一駄（一駄は六把、一把は直径九センチメートル程の小束で、五束）ずつ運搬の義務があった。

（田中宣一「村、講中、組合内の家々の関係」一九六六）

これに対して集落の生活組織とは全く無関係に共同採集の組織を作る場合もある。例えば、茨城県八郷町北郷では、集落内の一一戸と隣集落の一戸の計一二戸で茅場を共有し、茅の共同採集を行ってきた。屋根葺きは集落の下部組織である班内の相互扶助に依っているのに対して、茅採集はそれとは全く無関係に複数の班にまたがり、又、隣集落も含めた範囲で茅場を共有し共同採集を行う組織を構成する。この茅場を利用する権利は一四口あり、二口を所有する家が二戸ある。このことからも明らかなように、この権利は売買されるものであり、茅葺きをやめた家では不要となった茅採集権を必要とする家に売るのである。

このような屋根葺きの主体が職人に移ると、茅採集と屋根葺きの相互扶助はそれぞれにふさわしい形態へと分化し、無関係に構成される場合も生まれるのである。

このような屋根葺きの相互扶助の小規模化、非組織化に反比例して、職人は親方を中心に数人の仲間を組織し、それぞれが独流であった職人に子弟関係が生まれ、技能は受け継がれ、高度に磨かれた。そして直接葺くことから離れた村人とは増々技能に差が開き、専門職種として確立することになる。

さてこのような茅葺き職人集団が日本の全ての地域で発生したわけではなく、今日まで村人だけで葺かれてきた地域も少なくないことは前述したとおりであり、ごく大まかに見ると四国や九

村人が葺いた屋根（石川県珠洲市）

職人が葺いた屋根（滋賀県西浅井町）

州では屋根葺きは専門化せず、これに対して、関東や近畿の先進地域で屋根葺きが専門化しているのは当然としても、北日本で職人主体で屋根が葺かれているのは面白い現象である。

茅葺き職人集団としてよく知られているものに、会津茅手、越後屋根屋、筑波茅手、紀州屋根屋、芸州屋根屋等があり、これらはその地域内だけでなく出稼ぎ職人として各地を渡り歩くところから、その出身地をとって名付けられたものであり、地域内でのみ仕事をする職人なら、このような呼び方はされないのである。会津茅手、越後屋根屋、筑波茅手は関東一円を、紀州屋根屋は近畿で、芸州屋根屋は瀬戸内から北九州に至る広範囲の家々の屋根を葺き歩いていた。

なぜこのような地域からいつどのような契機で出稼ぎが始まったのかは不明な点が多いが、関東地方に越後や会津から出稼ぎが始まったのは江戸中期ごろと考えられている。例えば会津では一七一六年の関本村差出帳に屋根葺きの出稼ぎの記録が残されている（相沢韶男「会津茅手見聞録」一九六九）。

ただでさえ生産性の低い越後や会津の余剰労力が、雪に埋もれ、これといった仕事のない冬季間に天気の良い関東地方での屋根葺き出稼ぎに流れるのは自然であった。

これに拍車をかけたのが江戸末期ごろからの養蚕飼育法の自然順応式の清涼育法から人工調節式の温暖育法への変化であり、これに伴って農家は屋根裏を養蚕空間として最大利用を図るため、屋根を切り上げ、天窓を設けた甲造りに改築された。その結果屋根型は複雑になり、切り上げ部の処理にも高度な技能を持った職人を必要とした。養蚕による現金収入はそれを可能にしたのである。

このような渡り職人は職人とはいえども農業兼業であり、屋根職専業は極めて稀である。農作業の合い間に夏場は地元の屋根を葺き、冬に出稼ぎというのが一般的なパターンであった。例えば新潟県糸魚川市の葺き師の場合の終戦直後の年間スケジュールは次のようなものであった。

一月一〇日〜三月二〇日　群馬県へ出稼ぎ
三月二一日〜五月三一日　地元の葺き替え
六月一日〜六月一五日　田植え
六月一五日〜六月三〇日　地元の葺き替えの仕上
七月一日〜七月一五日　麦の刈り入れ
七月一六日〜八月一二日　地元の海岸部にある舟小屋の葺き替え
八月一三日〜八月一七日　お盆休み
八月一八日〜九月三〇日　地元の差茅
一〇月一日〜一〇月一五日　稲刈り
一〇月一六日〜一二月三〇日　長野県へ出稼ぎ

年間屋根葺き仕事日数は移動日も含めて二九〇日に上るものであった。

第四章——屋根の葺き方

構造

茅葺屋根は三角形を形づくる小屋組とその上に茅を葺くための下地と茅葺きそのものの三つにより構成される。

小屋組は屋根の自重と風圧や積雪等の屋根面にかかる外力を受け柱や梁《はり》に伝える構造であり、茅葺屋根の小屋組はサス組とオダチ組の二通りの方法に大別される。サス組は梁の上に三角形に部材を組み、その頂部を交差させて棟木を載せた小屋組であり、この三角形に組まれた斜材はサス又は合掌と呼ばれる。サス頂部の接合は、交差させて縄で巻いて固定するもの、両方のサスを互いに欠いて組み合わせた相欠き、ほぞ差しの三通りの方法があり、縄で巻いた素朴な方法は少数例で、相欠き、又はほぞ差しが一般的である。サスの下端部はサス尻と呼ばれ、その先端を鉛筆の芯のように尖がらせて梁にあけた穴に突き刺されるだけで釘や縄等で緊結されることはない。

一方オダチ組は梁組中央部に垂直に部材を立て、その上に棟木を載せ、その棟木にたるきをかけ渡して小屋組を構成するものである。棟木を受ける垂直の部材はオダチ、又は真束と呼ばれる。オダチと棟木・梁とはほぞ差しとなって固定されるのが一般的であるが二股の自然木をそのまま利用して棟木を受ける素朴な架構法も見られる。このオダチ組のなかには稀にではあるが地面から直接オダチを立ち上げた原始的な構造も見られる。この二大小屋組の他に、サス組とオダチ組

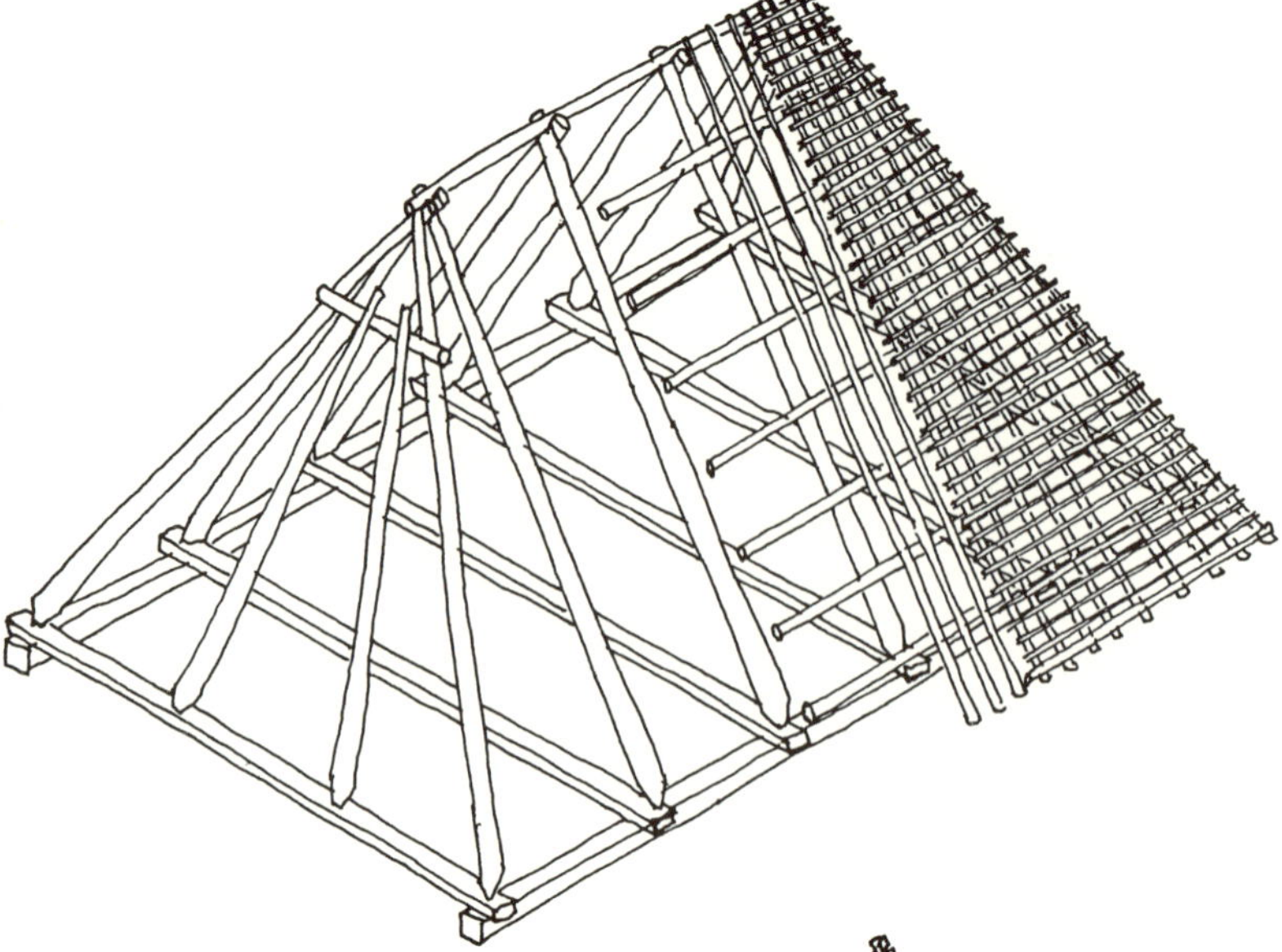

サス組

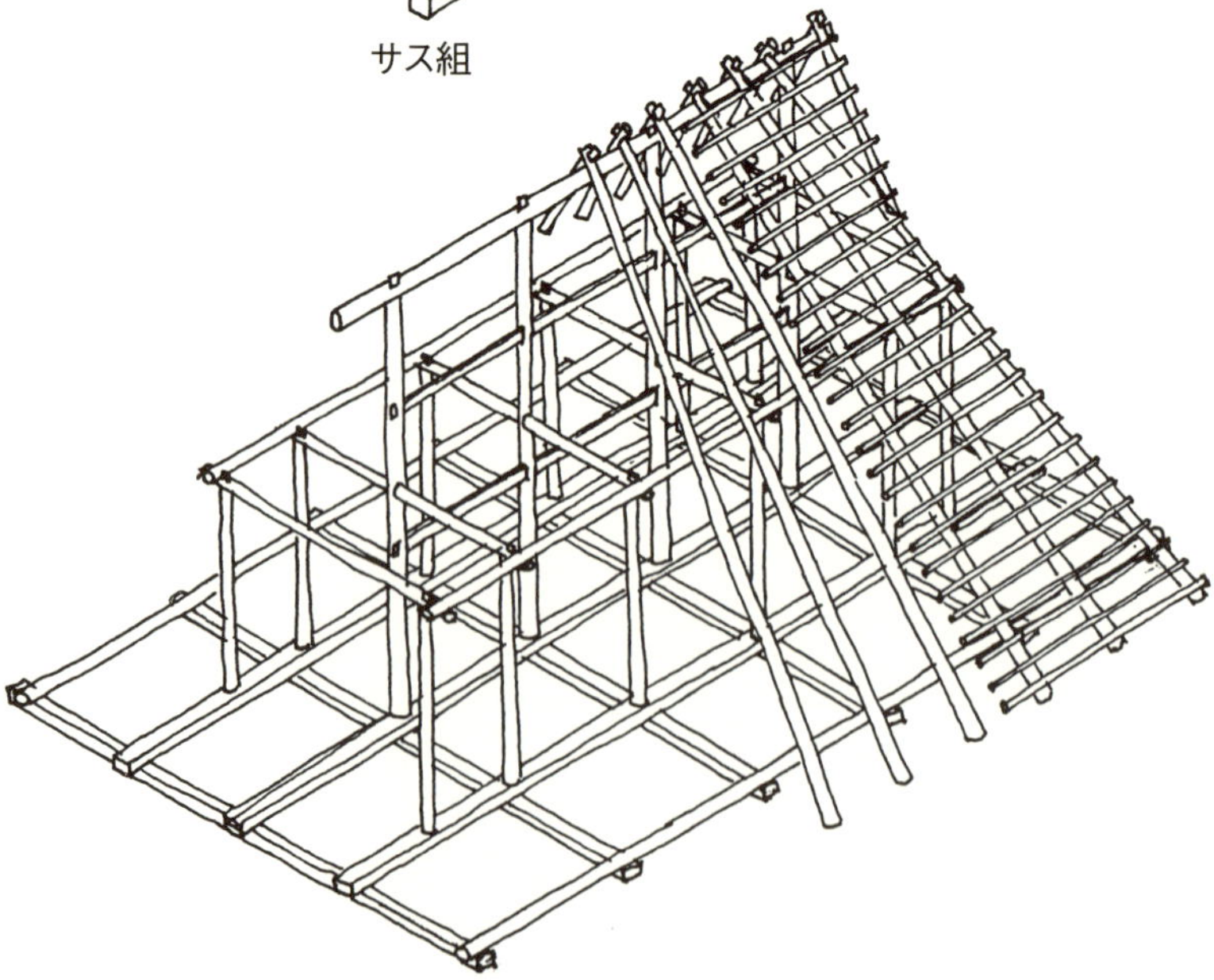

オダチ組

小屋組の類型

サス組（岩手県遠野市）

オダチ組（京都府美山町）

を併用したものや、梁と束《つか》と貫《ぬき》で細く組み上げた和小屋で構成されたものもある。

このように小屋組のつくり方にはいくつかの方法が見られるが、その勾配（屋根面の傾き）はつくり方や地域に関係なくほぼ四五度前後である。例外的に急勾配なものは壮大な切妻の屋根で知られる合掌造りで、六〇度の急勾配で、小屋組は正三角を形づくる。実際に見る合掌造りはそれ以上の急勾配にそそり立って見える。

ところでこのサス組とオダチ組の地域的な分布に日本民家の系譜を考える上で誠に興味深い顕著な傾向が見られる。サス組は普遍的な小屋組で日本の全ての地域に見られ、数の上でも大多数を占める。一方オダチ組が分布するのは近畿地方に限られ、サスを併用するオダチ組を含めるとその分布はその周辺部に広がる。

又オダチ組とサス組の併存する近畿地方では古いものはオダチ組で新しいものはサス組に変わっていく傾向があり、その過程にサス組とオダチ組の併用した例が見られるのである。

このように見ていくと近畿地方ではオダチ組からサス組への移行があったと考えるのは無理がないと思われる。しかしながらその他のオダチ組の現存しない地域でもかつてオダチ組が存在しこのような変化があったと推論するのは早計である。近世において後進地域であった日本の周辺部で今日見られるような民家が成立したのは比較的新しく、それが近畿地方でサス組への移行があったと考えられる一八世紀以降のことであるとすると、これらの地域ではオダチ組を経ず直接サス組が先進地域である近畿地方より導入されたものとする考えも成り立ち、これは先に述べたオダチ組とサス組及びその併用方式の地理的分布を充分説明するに足るものであるからである。

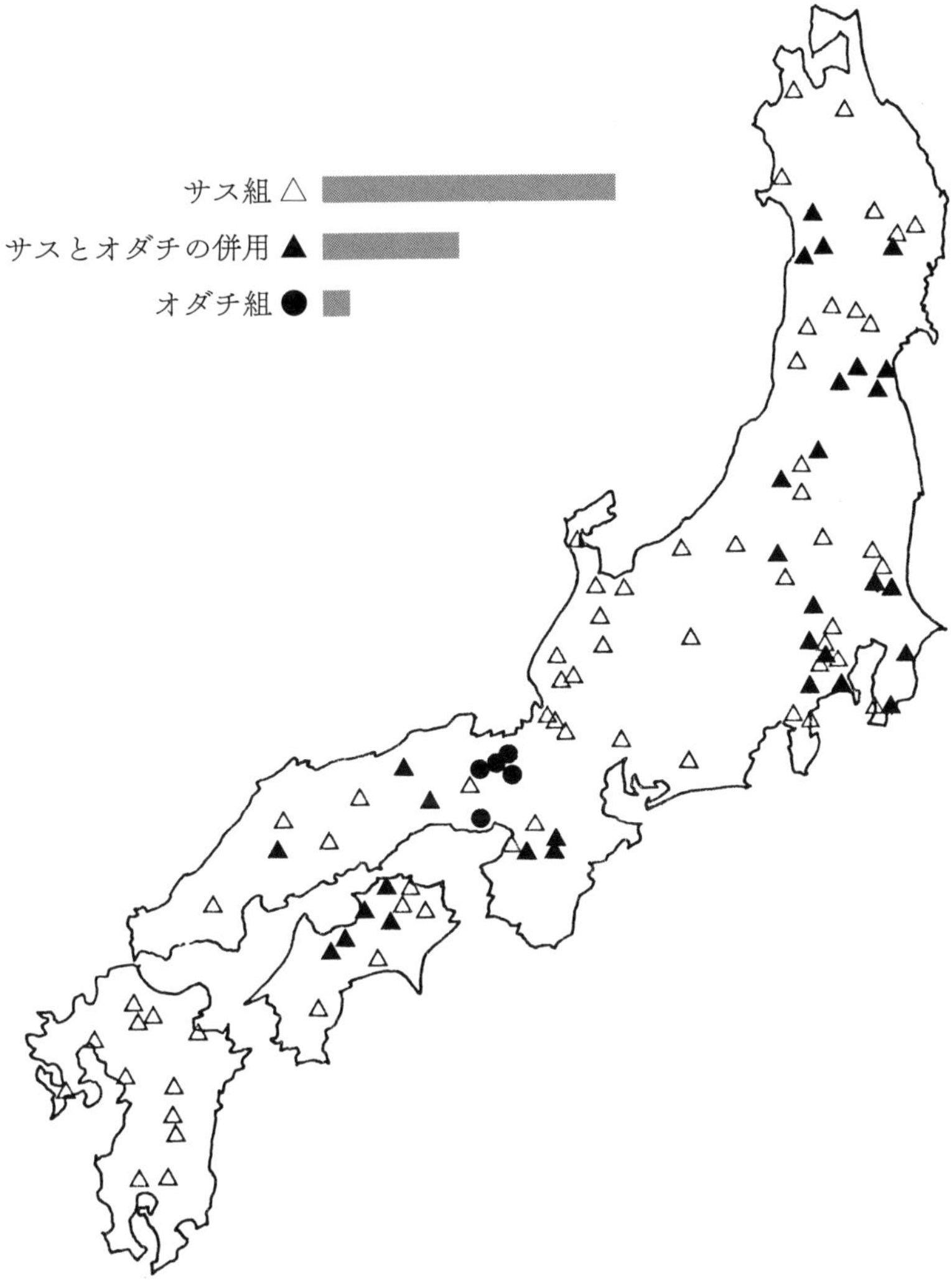

小屋組の分布図
（国の重要文化財民家修理報告書より作成）

又サス組とオダチ組はもともと近畿を中心とするオダチ地域とその周辺のサス地域と分れて分布しており、次第にサス組がオダチ組を駆逐していき、両者の境界にその併用方式が残るのはその過程を示すものであるとする考えも否定できない。更にこれが今日に残る民家の以前の住居形式である壁のない屋根だけの建築時代からの伝統を、柱で屋根を持ち上げた後も受け継いだ結果だとすると、話は、一挙に古代住居にまで遡る検討が必要となり、サスとオダチは日本の住居の系譜そのものを探る重要な鍵となるのである。

これについてのこれ以上の詳細な検討はこの本の主題からはずれるので別の機会に譲ることとして、サス組・オダチ組の他に和小屋の茅葺屋根は特に大規模な住宅の多い北陸や東北の日本海側の多雪地域に多く、大きな梁門《はりま》をサス組だけで構成するのは特に多雪地域で限界があり、和小屋をサス組に組み入れた構造が発達したと考えられる。

一方和小屋そのもので茅葺屋根をつくる沖縄県の例もある。これは多雪地域でのサス組への和小屋の組み込みと対比させ、耐風対策として捉える見方もあるが、むしろサスの材料となる直状の長材が得にくいという木材資源上の問題が沖縄のサス組が本土のような大規模なサス組へと発達するのを阻み、住宅の規模が拡大する際に、短材を組み上げて作れる和小屋の技術を本土からの影響で発達させたと考えるべきであろう。

小屋組の話はこのぐらいにして次にこのような小屋組の上に茅を葺くための下地の構成についてサス組とオダチ組に分けて述べたい。

サス組の場合はサスの上にサスと直角方向に約半間の間隔でもやを並べ、その上に約一尺間隔でたるきを配し、更にその上に小舞を細く並べる。サスの材料は杉が多いが、もやから上は竹の自生する関東以西では竹が多用される。竹の得にくい北日本や山間部では、杉の間伐材や割材又は雑木の小径木が使われる。小舞は地域により千差万別であるが、やはり関東以西では割竹が多用され、北日本や山間部では内側の仕上も兼ねて茅・よしや笹を簀状に編んだものを屋根面全面に敷き並べる方法がとられる。最も簡便な方法は茅を数本束ねたものを配置する方法である。

軒先にはたるきの上に茅負《かやおい》と呼ばれる一段と太い竹、又は小径木を配し、茅が垂れないようにはねあげる。この茅負がずり落ちないように独特の縄結び法が考案されたり、またもやから縄で吊り下げる方法がとられる場合もある。

オダチ組の場合はたるきは下地というよりは構造材であり、従ってたわみの大きい竹をたるきに使うことはなく、杉の小径木の使用が一般的である。たるきの上に小舞として竹を密に配し、たるきの間隔を定めると共に茅葺きの下地とする。

このような下地は全て縄やつた等でしっかり結ばれて固定され、釘が使われることはない。

このようにして太く疎に配された構造材から上層になるに従って細い部材で密に並べられた下地が一体となって組み上がった様は、適度な剛性と弾力性を兼ね備えた丈夫な籠のようなもので、極めて合理的な構造といえる。

軒付《のきづ》け

屋根の葺き始めの下葺きを軒付けという。この部分は屋根の厚みを定め、屋根全体の仕上がりを左右する重要な仕事であり、又軒先の茅が垂れたり、ずり落ちたりしないように屋根の他の部分と違った材料が用いられ、葺き方も異なる。

軒付けには茅の他に稲わら・麦わら・苧殻《おがら》（麻のむきがら）・杉皮等が使われる。軒付けは本来下葺きであり直接雨にあたることはないので、茅の節約のために稲わら・麦わら・苧殻の他に古茅がいわば増量材として使われたものであるが、軒裏や軒の小口はよく目につくところなので、その仕上は重要視され、下葺きというよりは軒裏の仕上材として考えられるようになる。又異質の材料を葺き重ねた結果生じる軒の小口の縞模様が装飾として発達した例も見られる。

苧殻は麻の皮をむいた残りの芯であり、茅より長く太く、真白な色に加えてすべりにくいので軒裏の仕上として好まれ、麻の産地である東北・北関東・北陸ではもっぱら大量に出るこの廃物が軒付けとして利用され、なかには屋根全体をこの苧殻で葺く例も見られる程である。

稲わらは雨にあたると極めて腐り易いが、軒付けとしては軟らかくすべりにくいので、北日本の苧殻に対して西日本で多用される。

他の材料を使わず茅のみで軒付けを葺く例も少なくない。この場合にも軒裏の仕上として最下層にはよりすぐった真すぐで上質の茅が使われる。特にていねいな仕事の場合には茅の葉をとり

稲わらの軒付け作業(石川県珠洲市)

同上仕上がり

おがらの軒付け（福井県名田庄村）

稲わらと古茅の軒付け（茨城県八郷町）

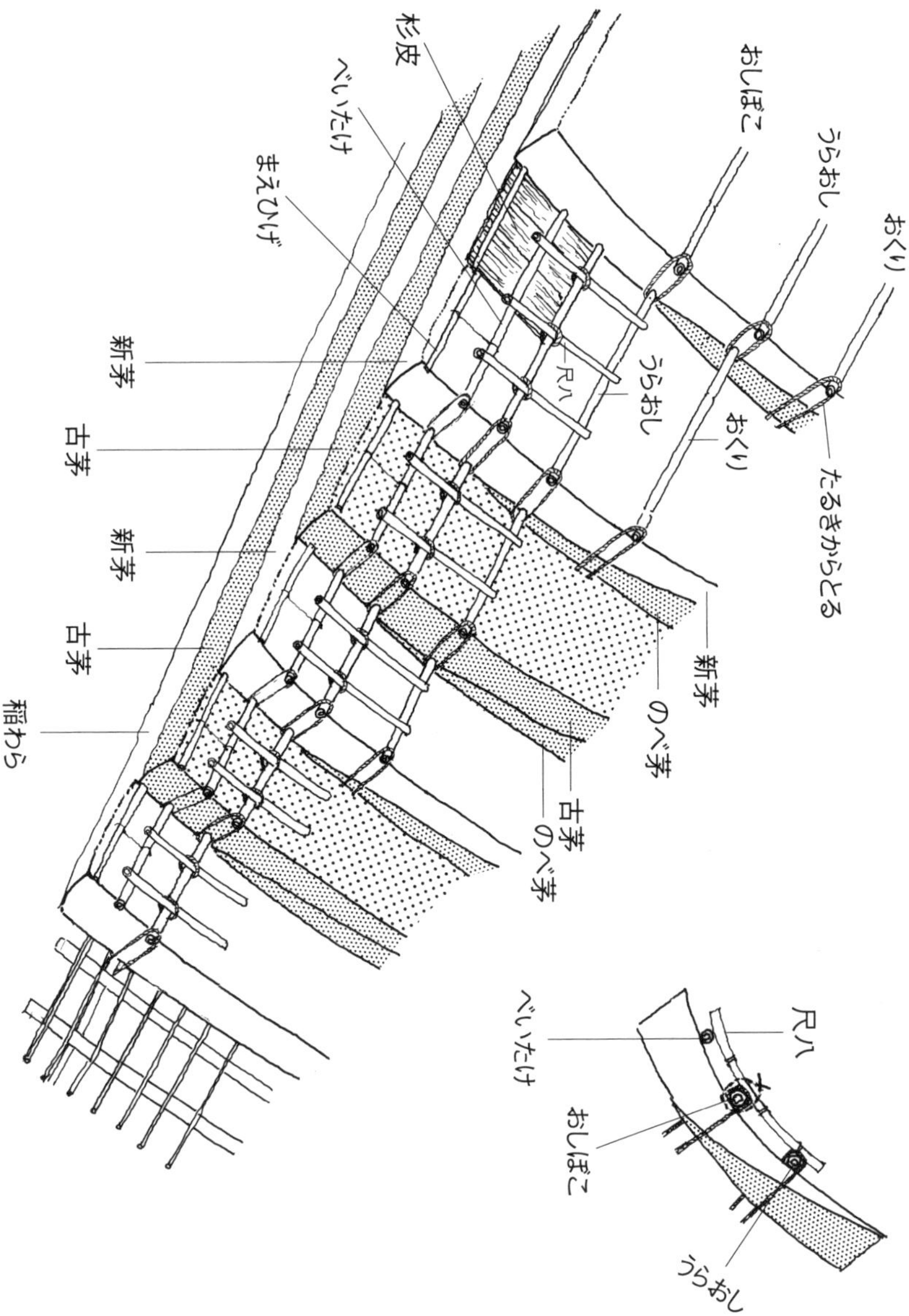
杉皮
べいたけ
まえひげ
新茅
古茅
新茅
古茅
稲わら
おしぼこ
うらおし
おくり
尺八
うらおし
おくり
たるきからとる
新茅
のべ茅
古茅のべ茅
べいたけ
尺八
おしぼこ
うらおし

筑波流軒付け詳細図（茨城県八郷町）
古茅と新茅を交互に葺き重ね、軒の装飾としたもの

さり節目を揃えて一列に並べ、軒裏にその節目が縞模様として見えるという気の遠くなる技も、社寺建築には見ることができるが、民家の場合には稀である。

茅は根元を下に向けて葺かれるのが原則であり、例外的に穂先を外に向ける葺き方があることは後で述べるとして、その場合でも軒付けは根元を外に向けて葺かれる。但し屋根の他の部分と違って、あらかじめ葺き材を縄で巻いて束にしたものを整然と並べ、幾層にも分けて下地にしっかり固定して、押さえの竹等を使わず縄で一束ずつ下地にかきつけるというていねいな仕事も見られる。

このように軒付けの材料やつくり方は様々であるが、できあがった軒のかたちは屋根面に直角に切られたものと、水平に近く切り揃えたものの二通りある。前者は屋根を正面から見た時に軒の小口が厚く見え、結果として屋根は重厚でどっしりした印象を与える。一方後者は軒の小口は下から眺きこまない限りほとんど見えず、先端のとがった軒線はシャープで、屋根の厚みを全く感じさせない軽快な印象を与える。

前者は軒付け茅を素直に葺き重ねた結果のかたちで技術的には容易であり、村人の手で葺かれる場合はこのような姿になる。一方軒の小口を水平にするためには軒先の茅をかなり持ち出す必要があり、葺き方に無理が生ずる。職人はあえてこれに挑戦し、それを克服した丈夫で軽快な棟をつくりだした。北関東の筑波山周辺にはその極致の姿を見ることができる。

平《ひら》葺《ふ》き

軒付けが終わるといよいよ茅を葺き上げることになる。この軒付けをした上から棟をつくる前までの屋根面を葺く工程が平葺きである。

下地の上に茅を並べ竹や柴で押さえ、それを下地に縄で縫いつけて固定される。その上に又茅を並べ同様の作業をくり返すので、押さえの竹や柴と縄の縫い目は上の茅に隠れて屋根の表面には見えない。

竹や柴で押さえずに縄で茅をからんで直接下地に固定する方法も稀にある。

ところで茅を並べる際にその表面に根元を出すか、穂先を出すかの二通りの方法があるが、今日の日本の茅葺屋根は茅の根元を外に向けて葺くのが原則であり、これとは逆に穂先を外に向ける葺き方は逆葺《さかぶ》きと呼ばれ、今日例外的に存在する。万葉集に「はたすすき尾花逆葺き黒木もて造れる家は万代までに」と歌われており、当時の家は尾花すなわちすすきを逆葺きとしていたことが分る。

今日逆葺きがまとまって分布するのは南西諸島である。沖縄本島北部やその周辺の島々では山《ヤン》原竹《バルダケ》と呼ばれる高さ一・五〜二メートル、根元の太さが小指ほどの笹で屋根を葺き、軒付けだけは根元を外に向けるが、平葺きは逆葺きである。又、沖縄南部の八重山地方や、鹿児島県の奄美地方ではすすきを逆葺きとする。

すすきの逆葺き(石川県珠洲市)

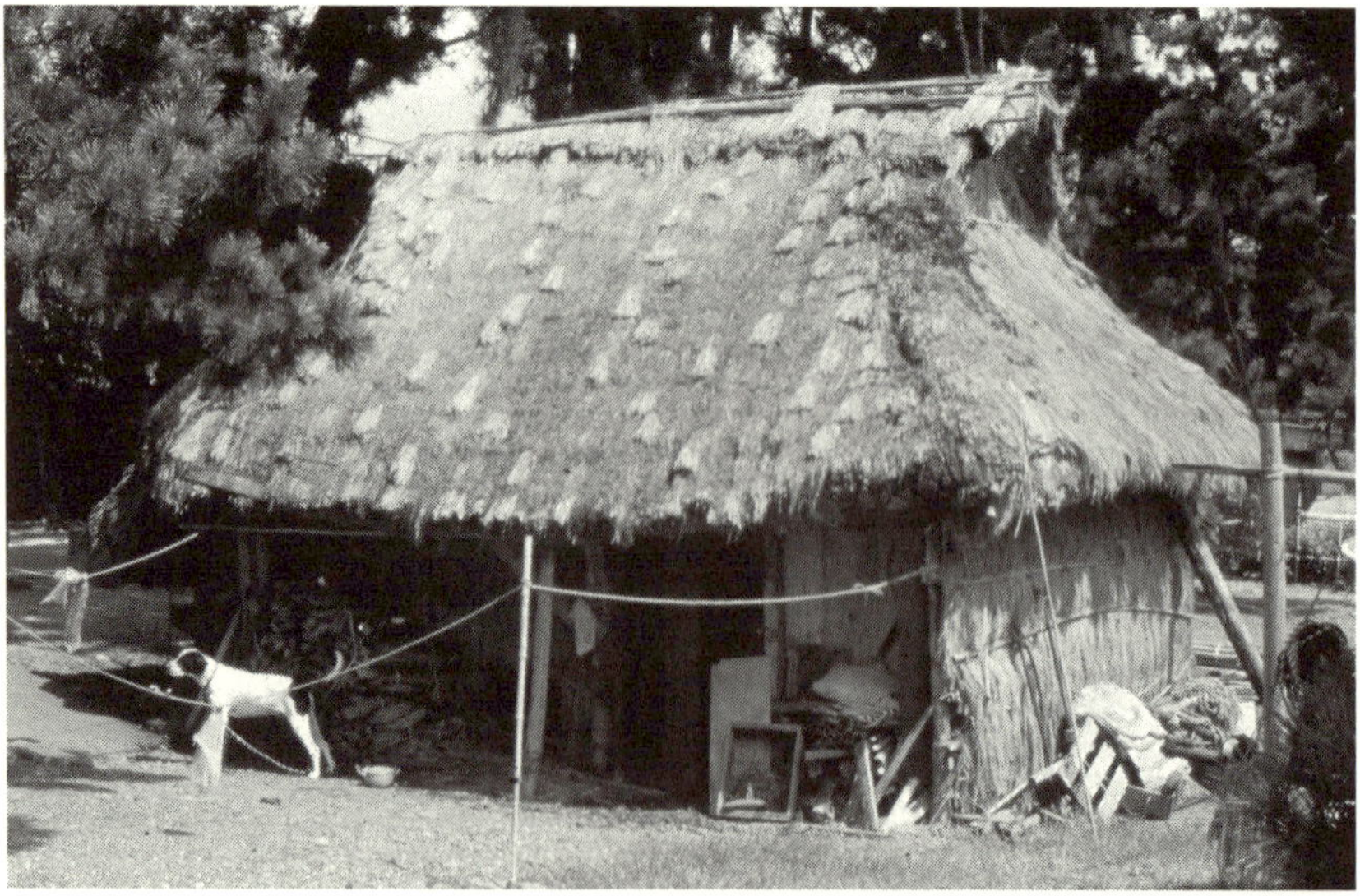

稲わらの逆葺き(滋賀県マキノ町)

コゴン(ちがやの一種)の逆葺き(フィリピン、ルソン島)

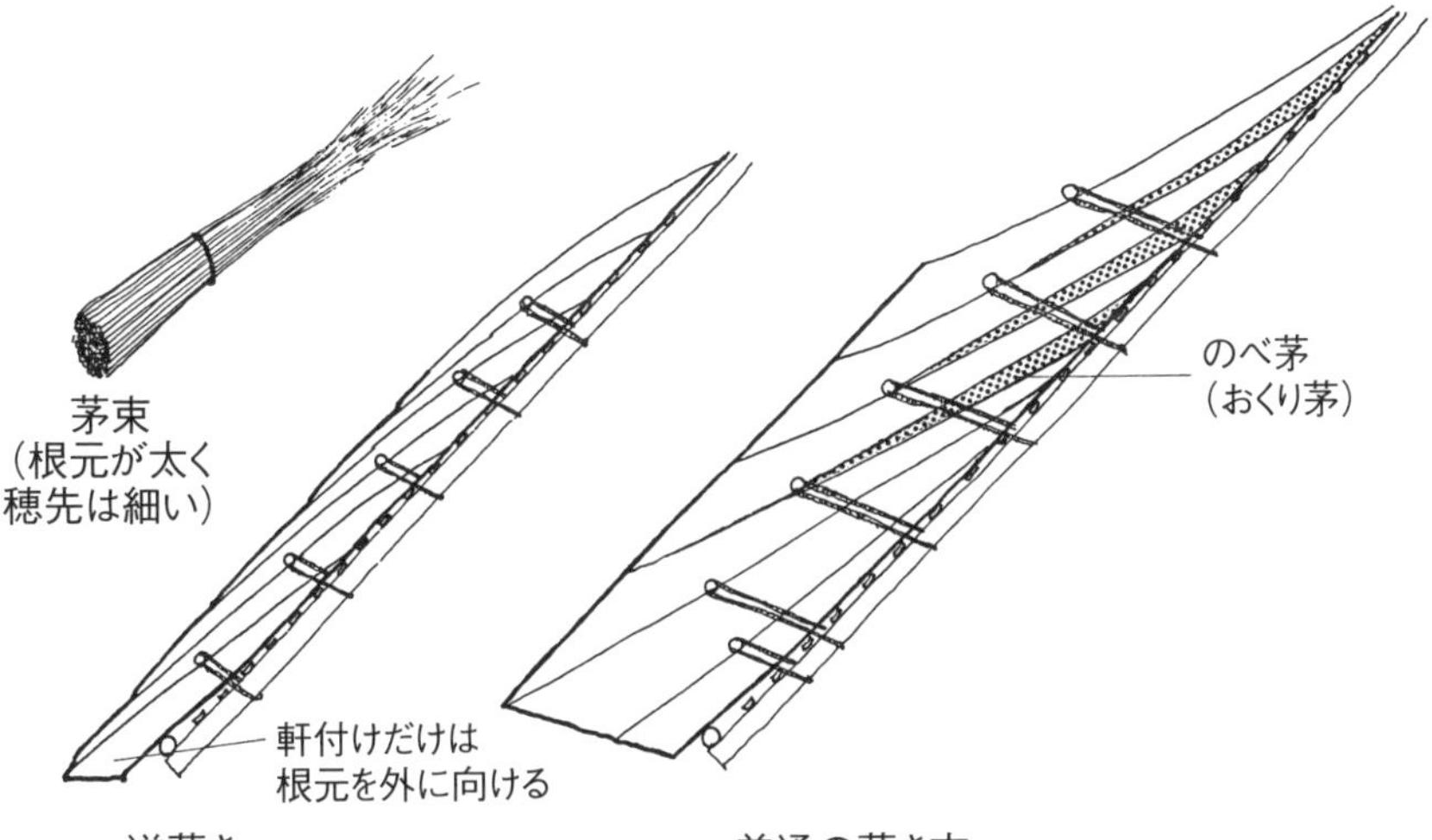
茅束
(根元が太く
穂先は細い)
軒付けだけは
根元を外に向ける
逆葺き
のべ茅
(おくり茅)
普通の葺き方

逆葺きと普通の葺き方

①茅を並べがきでたたきそろえる

②竹で押さえ針で下地に縫いつける

③足で踏みしめ縄をしめる

④足場をとりつけ――工程終了

笹を使う場合は本土でも逆葺きになるが、すすきを逆葺きとするのは南西諸島に限られる。

本土では炭焼き小屋や舟小屋あるいは火事後の仮設住宅等の簡便な建物を逆葺きとするのは苫《とま》葺《ぶ》きと呼ばれて珍しいことではないが、住宅を逆葺きとするのは、笹の他に稲わらで屋根を葺くときに限られる。

稲わらや麦わらで葺かれた屋根はわら葺屋根又はわら屋と呼ばれ、平野部で耕地化が進んだ結果、茅場が減少し、すすきやよしの代用として広く普及したものである。すすきやよしで葺かれた屋根に比べ、わら屋根の寿命は短く稲わらで三年、麦わらで約一〇年ではあるが、これらの材料はいわば農業生産の廃物利用であり、家畜の敷草として使いながら堆肥をつくるように、わらで葺いた屋根をせっせと葺き替えては、その古わらを肥料として利用していたのである。

さてこのわら葺きのうち稲わらで葺く場合の簡略な葺き方として逆葺きとする場合がある。例えば福島県の会津盆地や郡山盆地の中心部の水田地帯では、根元を表に出す方法と穂先を表に出す方法の二通りの方法があるが、穂先を表に出すのをトバ葺きと呼び、ほとんど毎年新しいわらを差して補修された。又前述したような作業小屋や仮小屋の逆葺きも又毎年葺き直されることが前提となっている。

このように逆葺きはすすきでも稲わらでも簡便な葺き方として用いられてきたのであるが、それを仕上として用いる特異な葺き方がかつての奈良盆地に見られた。

大和棟と呼ばれる端正な切妻で知られるこの地方の屋根は、まず通常通りすすきで充分な厚さに葺いた上に、わざわざ稲わらを逆葺きとして薄く覆っているのである。茅の節約のために稲わらを下葺きとして多用する例はあっても、その逆は常識的には考えられず全く意外な葺き方である。

この地方では稲わらの逆葺きが仕上なのである。朽ちると黒っぽく変色する茅に対して稲わらは日に晒されて白っぽく変わり、加えて稲の穂先が独特の柔らかい感触を生み出す景観は気品さえ感じさせたという。この高級仕上の命は短く、毎年それだけを葺き直すというぜいたくなものであった。

このように茅葺きの上に仕上として稲わらの逆葺きをかぶせる例は、能登半島にも見られる。能登半島の先端、石川県柳田村は、村人だけの手で茅葺きを維持しており、毎年二一〇日前に棟つつみといって稲わら束の根元どうしを編んだものを棟にかぶせる習慣が戦前まで残っていた。これは痛み易い棟を保護するためのものであるが、一般に棟の保護には茅より丈夫な材料が使われるのが常識であり、茅よりはるかに朽ち易い稲わらであえて棟を保護するのは一見不合理に思える。しかしながら、毎年棟つつみを行うことを前提とすれば稲わらは棟の保護にはふさわしい材料である。つまり稲わらはすすきよりずっと細くて軟らかく、棟頂部で折って雨仕舞するのは、耐久性の点を除けばなかなか優れた材料なのである。又、例え棟だけとはいえ毎年新しい稲わらを上からかぶせるのは、朽ちて汚れた茅葺屋根の化粧直しであり、棟つつみを終えた屋根は、全体がひきしまり、若返った印象を与えたという。

更にこのことは毎年稲わらを屋根のてっぺんに捧げるという田の神への信仰上の意味も含まれているのである。それは稲わらを固定するために、必要以上に太く且つ長く棟を巻いたわら縄の装飾性にも表れている。

以上の二例に見られるようなすすきで葺いた上を稲わらの逆葺きで化粧する方法は、確かに機能的な側面、つまり茅葺屋根の全て又は一部の表層を稲わらで覆い、その表層部を頻繁に交換することで、茅葺屋根本体の寿命を延ばし、且つ美しく保つという働きは充分理解できるものではあるが、一方でその発想には朝鮮半島の茅葺きとの関連が感じられるのである。

朝鮮半島の農家は稲わらの逆葺きが一般的でその外観は今和次郎によれば次のようなものである。

朝鮮の藁葺屋根の厚さは実に一様でない。一尺位軒端に厚さの見えて居るのもあるし、一二寸位しか見えて居ないのもある。而して日本内地のものと違ふ点は、年々上へ上へと新たに編んだ藁を古い屋根の上に雨具の様に着せて行く事である。それから又其等は藁の根元を棟の方へ向け、下の方へは柔かい先端が垂れるやうになつて居る事である。棟の個所は、百足の形に編まれた藁が、柔かい屋根の細い背飾りとして置かれるやうになつて居る。かくして装はれた屋根は、場合によつて、縄で縛られる、或は平行に幾条も屋根に縞を作り、或は網形に、或はもつと表現派風の張られ方で、色々な模様をなして居る。此等は日本内地では海岸の極く風の強い処でゞもなければ見られない屋根の防備である。その上、一つは屋根をよく縛ばり付ける為め或は土地の一部の代用をせしめる為めに、南瓜或は瓢の蔓をからますのである。それらの実が大きくなる季節には、大きな石が屋根の上に載せられた形になるのである。屋根の勾配は極く緩いのが普通である。而して此等の藁葺の屋根は、物干場にも屢々使用される。物干場と云つても頗る可愛らしい使ひ方で、朝鮮の人達が喰べずに居られないとうからしの実を干す場合其他に充てるのである。
（今和次郎「朝鮮部落調査特別報告（民家）」一九二四、傍点は筆者）

このように稲わら葺きを逆葺きとする以外に、毎年新しい稲わらを葺きかぶせる維持方法においても朝鮮半島と奈良盆地や能登半島では共通するところがあり、また稲わらの編み目が棟飾りとなる点は能登半島のものと酷似するのである。そこで朝鮮半島の稲わらの逆葺きと奈良盆地や能登半島の稲わらの逆葺き仕上が同一起源のものと断じるのはこの両地域が朝鮮半島と交流の深い地域であることを併せて考えてみても早計というものであるが、この二つの地域の稲わら逆葺き仕上の発生の過程には、稲わらの逆葺き屋根と毎年その上に新しいわらを編んでかぶせて維持する習慣があり、その伝統がすすきで根元を外に向けたいわゆる茅葺きに残ったと考えると、すすきの上にそれよりはるかに耐久性の乏しい稲わらをかぶせるという意外性がより説明し易いのではないだろうか。

ところでこの朝鮮半島の他に、台湾の高砂族やフィリピン・ルソン島北部等の南方でも茅は逆葺きが一般的であり、それに連なる南西諸島が逆葺きであることは前述したとおりである。一方アイヌの住居はすすきを根元を外に向けて葺くのが伝統であり、又ヨーロッパの茅葺きは日本と同様によしやすすき、麦わら等を根元を外に向けて葺かれている。

さてこのような茅の根元を外に向けるか内に向けるかで、いったい何が違うのであろうか。

まず第一に見た感じは明らかに異なる。穂先を外に向けたものは全体的に丸く、軟らかい感じで、素朴な印象を与える。一方根元を外に向けると直線的で硬い印象を与える。

耐久性の点ではもし同じ材料で同じ量の茅を使ったとすると根元を外に向けた方が優れている。つまり、茅は根元は太く硬いが穂先や薬は軟らかく腐れ易い。茅葺屋根の寿命を全ての茅が朽ち果ててしまう時点にとれば、どちらの葺き方でも同じであるが、実際には茅は表面から茅の長さの三分の一付近で下地に縫いつけて固定され、そこが露出すると縄が腐り、茅はバラバラになって茅葺屋根の寿命は尽きる。とすれば丈夫な根元を外に向ける方が表面から縫いつけている部分までの腐れ方の進行速度が遅いので茅葺屋根の耐久性は高いということになる。

又逆葺きは厚く葺きにくいという性質を持つ。つまり同じ長さの葺き材で厚く葺くためには葺き材の水勾配を緩くする必要がある。逆葺きは茅の根元の太い方が内側になるので葺き重ねるに従い水勾配は急になる傾向があり、結果として薄葺きとなる。葺き材の勾配がきついので雨仕舞は良いが薄いので耐久性がない。

一方、太い根元を外に向けて葺くと、葺き重ねるに従い葺き材の水勾配が緩くなり、厚葺きできる。しかし単純に葺き重ねたのでは棟に近づくにつれ葺き材の勾配が緩くなり、場合によっては逆勾配になり雨仕舞上欠点となる。そこで、この場合には穂先の下におくり茅又はのべ茅と呼ばれる短い茅を枕のように入れて穂先を起こし、雨仕舞を良くする技術が一般的に見られる。

事実逆葺きは例外なく薄葺きで、日本での例をとると、沖縄の茅葺きは本土に比べると厚さは半分程度であり、南方の茅葺きも沖縄と同等あるいはそれ以下である。

一方アイヌの茅葺きは段葺きという、茅が段状になって葺かれた特殊なものであるが厚さは本土並みで、ヨーロッパの茅葺きも日本の本土とほぼ同様のものである。

このように見てくると茅の根元を外に向けて葺くのは、厚くて耐久性のある屋根をつくるためであり、それは主として雨仕舞のためというよりは寒さに対する断熱材としての必要性から生み出されたということができよう。又そのためにはおくり茅を用いるという技術開発が必要であったのである。但し笹を逆葺きとするのは、その材料上の特性によるものである。即ち笹は枝がはっているので束にすると穂先のボリュームが根元よりずいぶんと大きいものになりすすき等と逆の状態になる。ちょうど庭を掃く竹ぼうきを思い浮かべると分り易い。これでは笹の枝を全てとり払わない限りとても根元を外に向けて葺けたものではないのである。

棟仕舞

茅葺きの棟は東日本ではグシ、西日本ではムネ、沖縄ではンニ（棟）又はイリチャ（甍）と呼ばれる。

棟で茅を葺き納め、雨や風から守る仕組みを棟仕舞《むねじまい》といい、ここは風雨に晒され、屋根の中でも最も傷み易いところなので工夫が積み重ねられ、それぞれの地域で独特の棟仕舞が生み出された。更に棟は屋根のてっぺんで最も目につくところであり、又面積の割には最も手間のかかるところでもあることから、棟仕舞は単に棟を保護するという機能を超えて装飾性を帯びて発達し更に家格を表す象徴性を持つに至る。

このように装飾性・象徴性を持つ棟仕舞は特に棟飾りと呼ばれる。その極致は神社の茅葺屋根の棟飾りで、それらはもとは茅葺きの棟仕舞上必要なものであったものが、誇張され肥大化した姿である。

民家の棟仕舞は神社ほどではないにしても棟飾りと呼ぶにふさわしいものも少なくなく、特に職人が葺く地域では、本来村人の手で葺かれていた茅葺きを素人の及ばぬ技量を発揮できる最たるところとして、職人の腕の見せどころとなり、洗練された芸術的な棟飾りが発達したのである。

一方で村人の手だけで茅葺屋根を維持してきた地域では、素朴で機能的な棟仕舞が見られ、その原型的な姿をとどめているなかにもささやかな飾りが添えられている棟仕舞には、職人技の世界とは又別の味わいが感じられるのである。

このように棟仕舞は、その土地土地の材料や気候の制約のなか、又それを作り維持する主体の違いにより、屋根の中でも特異な発達をとげ豊かな郷土色を獲得した。それは棟仕舞だけを見てもどの地方の茅葺屋根かおよそ見当がつくほどである。

ここではこの地方により千差万別の棟仕舞のうち代表的な七種の棟仕舞をとりあげ、その仕組みと作り方を紹介しつつ系統的な分類を試みるが、まずはじめに全棟仕舞に共通する棟の構造を見てみよう。

茅を並べ竹で押さえ下地に縫いつける作業をくり返し、両側の軒から葺き上げられた茅は棟で合わせられて葺きとめられる。

ここから上の棟を納める作業が棟仕舞であり、この状態では最後の茅をとめた竹と縄の縫い目が露出している。

この縫い目と両側から葺き上げられた茅の合わせ目の雨仕舞のために茅を棟でへの字に折り曲げて棟に覆いかぶせる。この茅は折りまげて棟にまたがせるので折茅又は鞍茅、棟に雨よけとして覆いかぶせるみのにたとえてみの茅と呼ばれる。以下ここではこの茅をみの茅と呼ぶこととする。

棟のつくりはそれを構成する層の構造から大きく三つに分けられる。
一、みの茅だけで構成されたもの
二、みの茅の雨仕舞をより有効にするためその下にまくらとして、棟積茅《むなづみ》と呼ぶ茅束を積み上げ、みの茅を急勾配に折り曲げたもの
三、棟積茅を用い、更にみの茅の保護としてより耐久性の高い別材でみの茅を覆ったもの
このような棟構造の違いは棟の外観を大きく左右するものである。棟積茅を持たない棟仕舞は全体的に丸くて棟の頂部はたいらである。一方棟積茅を持つものは鋭角的にとがり、あるいは丸く仕上げられる場合も、棟は屋根から一段とうず高く盛り上がる。

棟積茅を持たない棟は極めて稀で北陸の一部と九州・四国の山地の一部に見られるだけであり、その素朴な外観に加えこれらの地域の屋根は村人だけの手によって葺かれていることとも併せて考えると、棟仕舞の発達の中でも初歩的な姿をとどめているものと思われる。実際この種の棟は

平葺きの茅が葺き納められた状態

その上にみの茅を折って納めた状態(秋田県八竜町)

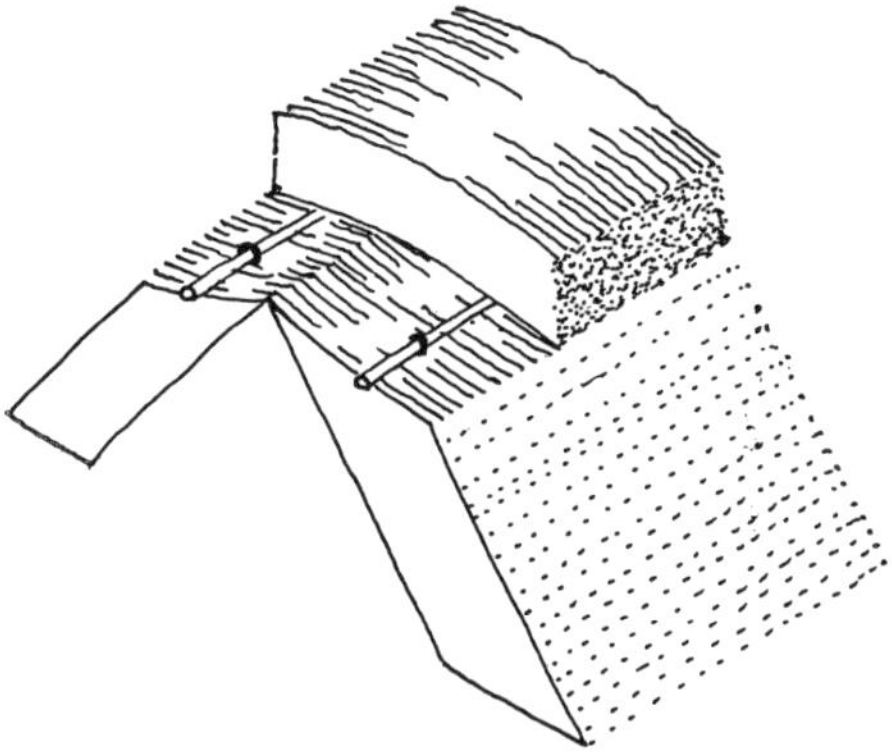

棟積茅を持たないもの

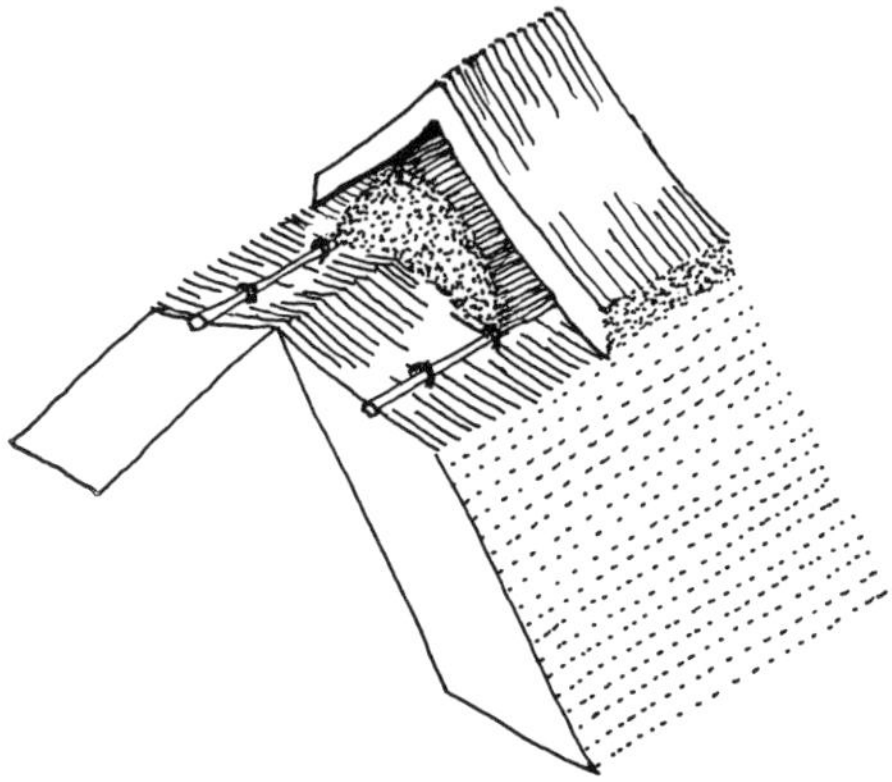

棟積茅を持つもの

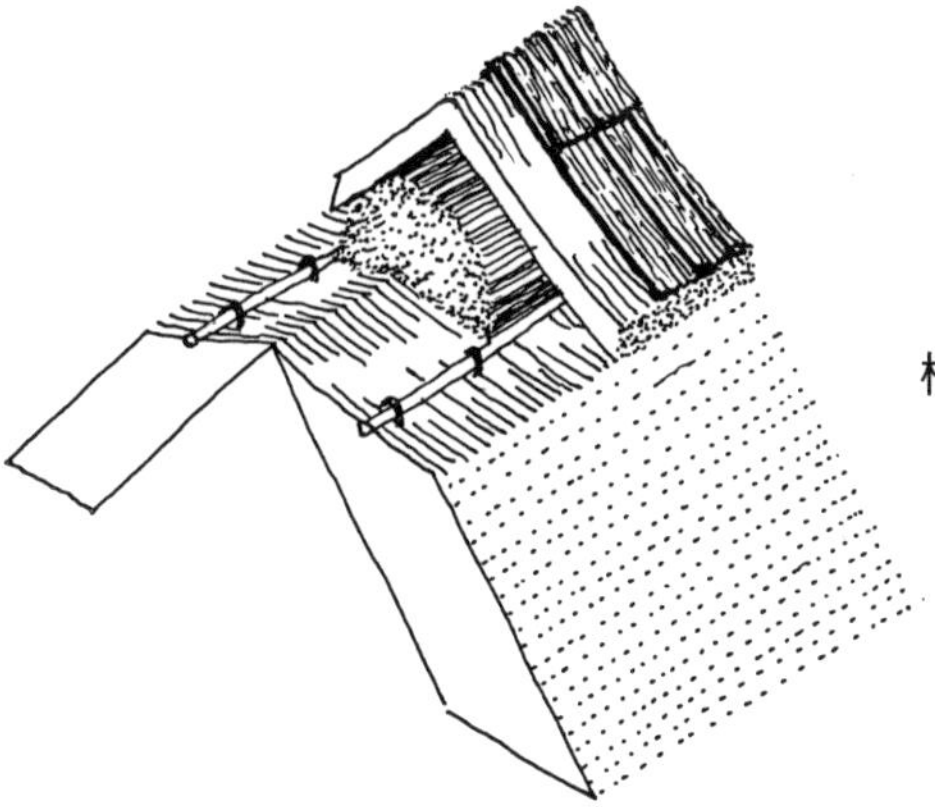

棟積茅を持ち、茅以外の別材で
補強したもの

層構成から見た分類

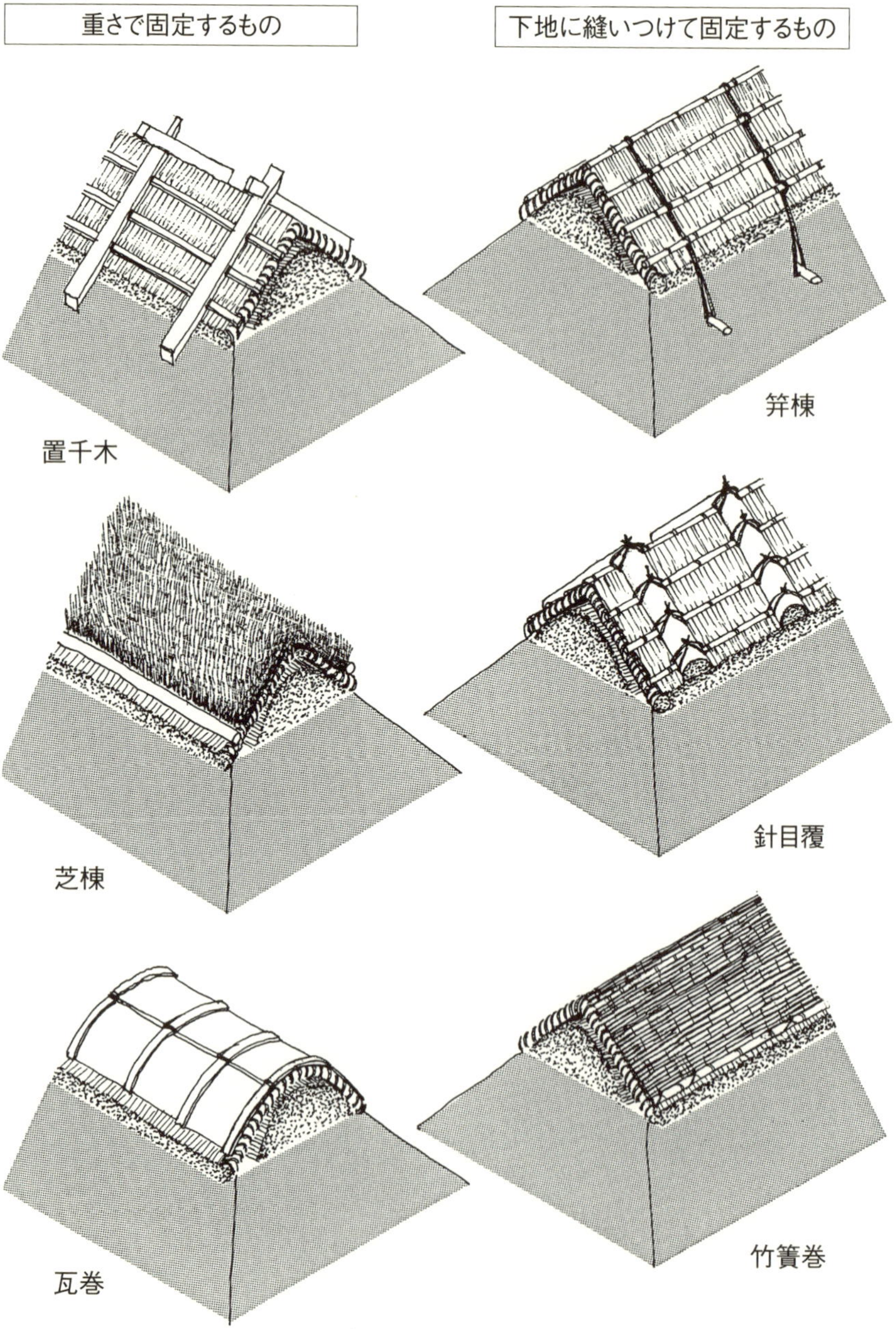
重さで固定するもの
下地に縫いつけて固定するもの
置千木
笄棟
芝棟
針目覆
瓦巻
竹簀巻

固定法から見た分類

棟仕舞分類図

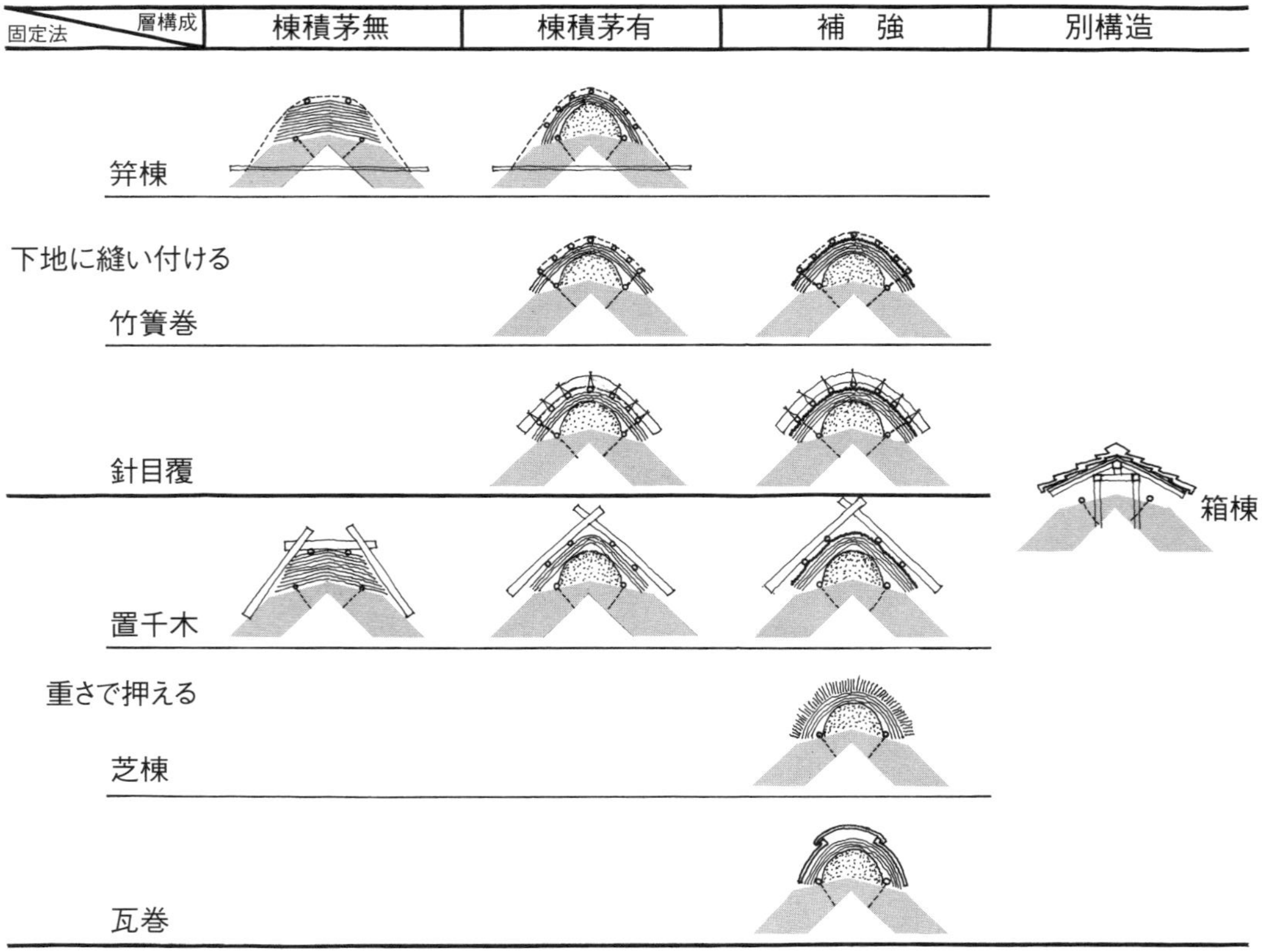
固定法
層構成
棟積茅無
棟積茅有
補　強
別構造
笄棟
下地に縫い付ける
竹簀巻
針目覆
箱棟
置千木
重さで押える
芝棟
瓦巻

毎年新しいみの茅を上から葺きかぶせてはじめて維持できるのであり、その単純な構造と頻繁な手入れがセットになった考え方は、村人だけで葺く場合にはふさわしいものともいえる。

棟積茅を持つ棟仕舞の寿命は三ないし四年に延び、そのたびにみの茅を交換し、縄等の固定材を交換する必要がある。

以上の二つのタイプは屋根全体とは別に棟だけの手入れが必要であるのに対して、みの茅を何らかの保護材で覆う第三のタイプには、屋根一般と同等の耐久力を持つものも生まれた。このみの茅の覆いに最も多用されるのは杉皮と竹であり、近年は瓦が普及し特異な例としてみの茅を土で覆いそれに野芝を生やす方法も見られる。このような保護材で覆われた丈夫な棟をつくるのは村人の手を超え、専門の職人の仕事になる。職人は何とか丈夫な棟をつくろうと腕を競い合い、様々な棟仕舞が考案された。そのなかには屋根葺き職人だけでなく大工の手を借りた棟仕舞も生まれた。

ところでこのような棟の構造とは別に、みの茅を雨仕舞上の欠点をつくらずにしっかりと固定するのは簡単なことではなく、そこに様々な工夫がこらされ数多くの棟仕舞が考案された。

固定の方法は大きく二つに分けることができる。ひとつはみの茅を下部構造に縄等で縫いつけて固定する方法であり、もうひとつは重しを載せて、その重みで押さえつける方法である。前者は下部構造に縫いつけるのでしっかり固定できる反面、そのために又新たに縫い目を作ってしまうので、その処理に工夫が必要となり、又縄の寿命が棟仕舞の寿命を決めるという耐久性上の問題を残す。

後者は、縫い目を作らず縄も使わないのでそれに伴う欠点は生まれないが、不安定な棟にのっかっているだけなのでずれたり落ちたりしないような工夫が必要となり、特に風の強い地方では吹き飛ばされる危険性も生ずる。

下部構造に縫いつけるものは更に、笄棟《こうがいむね》・針目覆《はりめおおい》・竹簀巻《たけすまき》の三つに細分される。

笄棟はみの茅を固定するために棟から下方に向けて穴をあけるのを避け、棟に近い屋根面に横から竹や棒を突き刺し、それから縄等をとってみの茅を巻いて固定する棟仕舞である。この屋根面に突き刺した竹や棒が髷《まげ》に水平に突き刺した笄に似るところから笄棟と呼ばれ、笄はかんざし、みずはり（北陸）、ジーファー、ズバ（沖縄）等とも呼ばれる。北陸の笄は一本で屋根を横に貫通し、その笄から雨水が伝わるのを防ぐために、中央部が弓なりに反った木材が選ばれて使うという細かな配慮が見られる。それに対して沖縄の笄棟は両側から一対の部材をやや上向きにして屋根に突き刺し、笄から雨水が浸入するのを防いでいる。笄からとる縄等が露出して棟を巻く様は豪快で、堅牢な印象を与えるが、この縄等が腐ると棟の寿命となるので、頻繁な交換が必要となり、特にわら縄を使う場合にはよほど太くても毎年の交換が不可欠となる。

針目覆はみの茅を平葺きと同様に竹で押さえ、それをすぐ下の平葺きの押し鉾に縫いつけて固定し、その縫い目から雨水が浸入し、それによって縫い縄やそのまわりの茅が腐るのを防ぐために、縫い目にふたをして納める棟仕舞である。この針目（縫い目）を覆うふたが針目覆であり、それによる棟仕舞自体をも針目覆と呼ぶ。この針目を覆うふたは針目覆の他にその機能から目おさえ、目ぶた（中国）、又その形態から、たぶさ（四国）ぼて、だご（九州）等と呼ばれる。

棟積茅を持たない笄棟(岐阜県白川村)

棟積茅を持つ笄棟(沖縄県国頭《くにかみ》村)

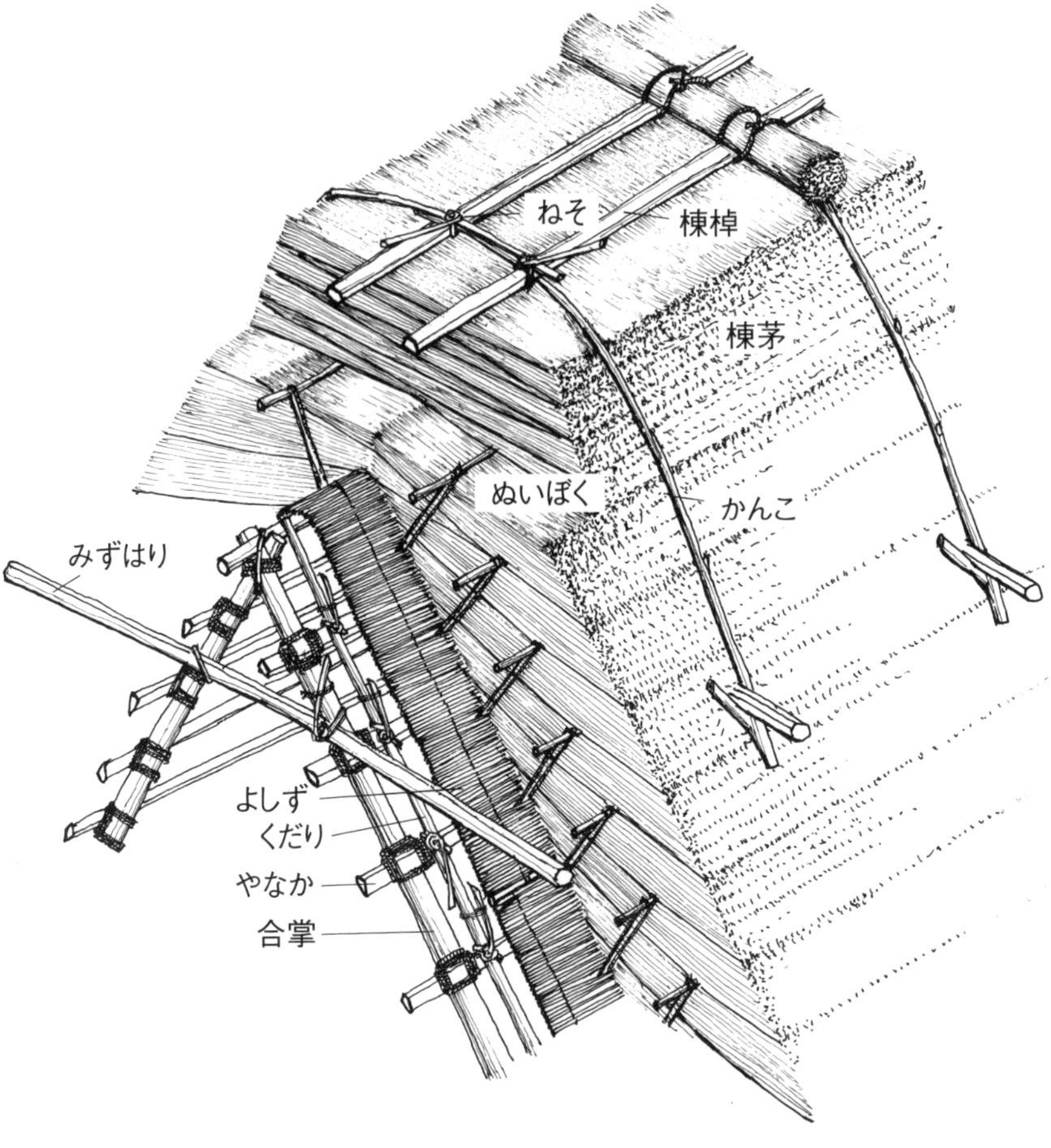
ねそ
棟棹
棟茅
ぬいぼく
かんこ
みずはり
よしず
くだり
やなか
合掌

笄棟（岐阜県白川村）

茅だけでつくられた針目覆（高知県檮原町）

杉皮で補強された針目覆（大阪府能勢町）

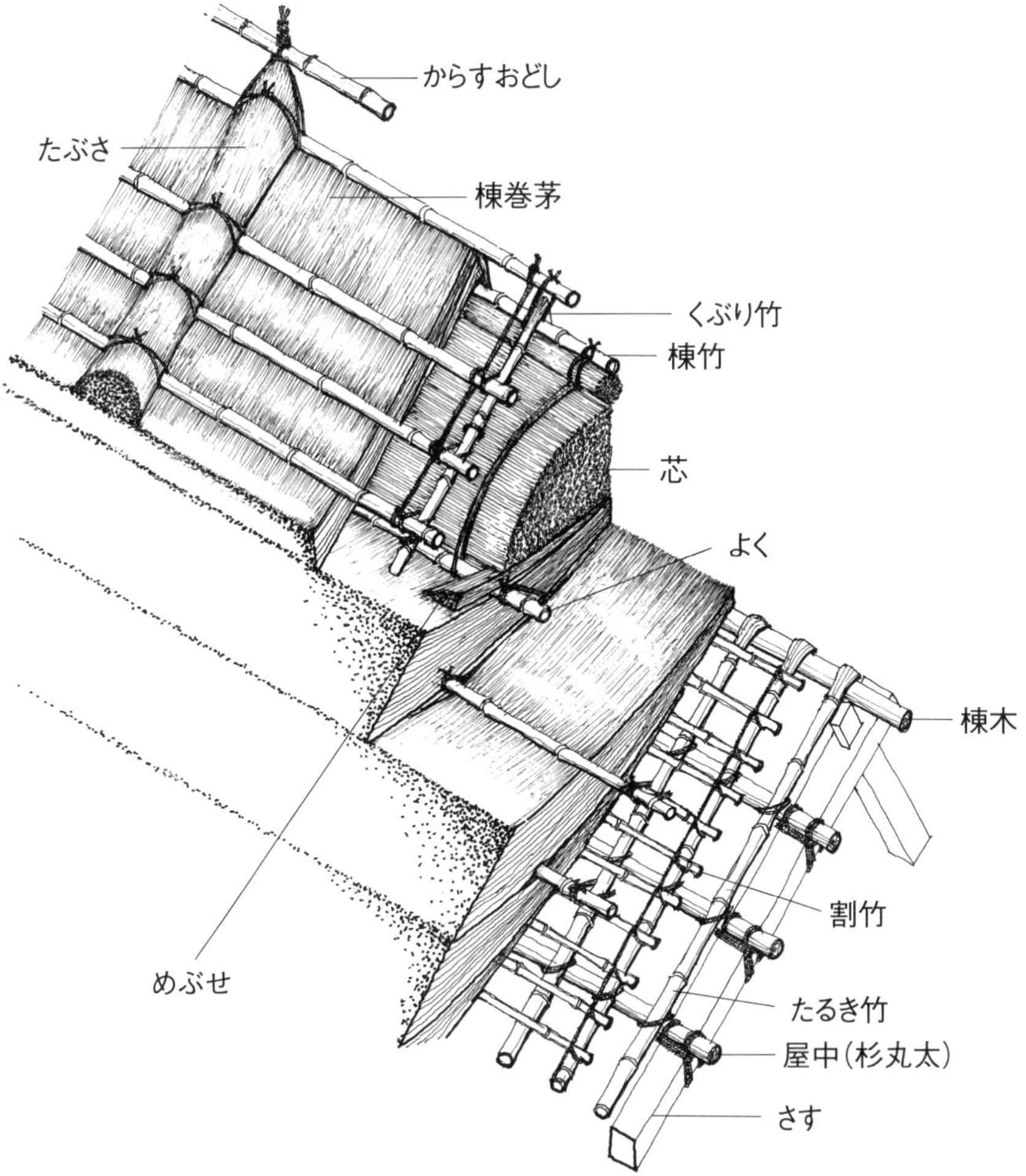
からすおどし
たぶさ
棟巻茅
くぶり竹
棟竹
芯
よく
棟木
割竹
めぶせ
たるき竹
屋中(杉丸太)
さす

針目覆詳細図(高知県檮原町)

針目覆は茅束でつくられるのが一般的であるが、稀に杉皮を用いることもあり、茅束を杉皮で巻いたていねいな仕事もある。これらは棟をまたぐように針目の上にかぶせられ、みの茅を押さえる竹に縄で結びつけられる。この縄を頻繁に交換する必要のある点は同様である。針目覆の数は奇数が原則で、棟の長さにもよるが、五ないし七が普通である。針目を覆うためだけならばひとにぎりの茅束でも十分機能するものであるが、この茅束は棟飾りとして誇張され、直径一尺を超えるような豪快なものも少なくない。又端部を反った形や逆に中央がふくらんだ紡錘形につくり出し、縄を装飾的に結んだ華麗な針目覆も見られ、これが棟に規則的に配置された屋根は茅の彫刻といった趣である。

竹簀巻は竹をすだれ状に編んだものでみの茅を覆いかぶせその両端部をすぐ下の平葺きの押し鉾に結びつけて固定する方法で、その結び目を保護するために半割竹を配置する。

この棟を巻く竹簀は、みの茅を固定するとともにみの茅を保護する役割も大きい。その機能を更に強化するために杉皮を竹簀の下に敷いて巻き込むことも少なくない。更にひしいで面状にのした竹を竹簀と直角方向や斜めに配置して強化し、竹簀をひしぎ竹で縦横に編まれた極めて装飾的な棟仕舞へと発達し、職人技の極みを見せてくれる。

次にみの茅を下部構造に縫いつけずに、重しで押さえる方法は、置千木《おきちぎ》・芝棟《しばむね》・瓦巻《かわらまき》の三種類に分けられる。

置千木はX字形に交差させた木材を棟にまたがせ、その重みでみの茅を固定しようとする棟仕舞である。

千木とは神社建築に見られるたるきの上端を棟より長く互いに交差させて突出させたもので、特に切妻の端部のものは破風《はふ》となる。伊勢神宮の千木はこの端部だけの破風であり、後にはたるきとは全く別木として交差した材が棟に置かれ神社建築の象徴のひとつとなる。これが置千木であり、民家の茅葺屋根ではみの茅を押さえるという重要な役割を果たすものである。とはいっても民家の置千木も家格を表す格好のものであり、その形や組み方は次第に洗練され、神社の置千木を思わせる交差した上部と下部が同じ長さになる堂々たるものも現れる。

置千木はうま・うまんまた（九州）、うまのり・からすおどし（中国）、がっしょ（関東）、くらぎ（東北）等と呼ばれる。その数は針目覆と同様に奇数が原則で七ないし九個が一般的である。

置千木の組み方は前述したように二本の部材をX字に交差させたものが一般的であるが、三本の部材を鞍形に組んだものが四国や九州地方の山間部に稀に見られる。この三本の部材による置千木は棟積茅を持たない平らな棟を納めるためのものである。二本の部材のとめ方は相欠きにして栓をうって固定する方法と又はほぞとほぞ穴をこしらえて差し込み、栓で固定するものの二通りある。棟の頂部には特に太い部材が西日本では置千木の上にかかげられるのに対して東日本では置千木の下に組み込まれるか全くない場合もある。この部材は近畿や中国地方ではこむね・ゆきわり等と呼ばれ、根元の曲った杉をそのまま棟両端の反りに利用した棟飾りとしている。

一方九州の山地に見られる置千木は丸太をそのまま利用した屋根面のなかばまで届く長大なものが互いにつながれず配置された素朴で豪快なもので、村人によって葺かれるこの地方の置千木

ヤロウグシと呼ばれる竹簀巻の普及版(茨城県金砂郷村)

キリトビと呼ばれる竹簀巻の高級仕上(茨城県八郷町)

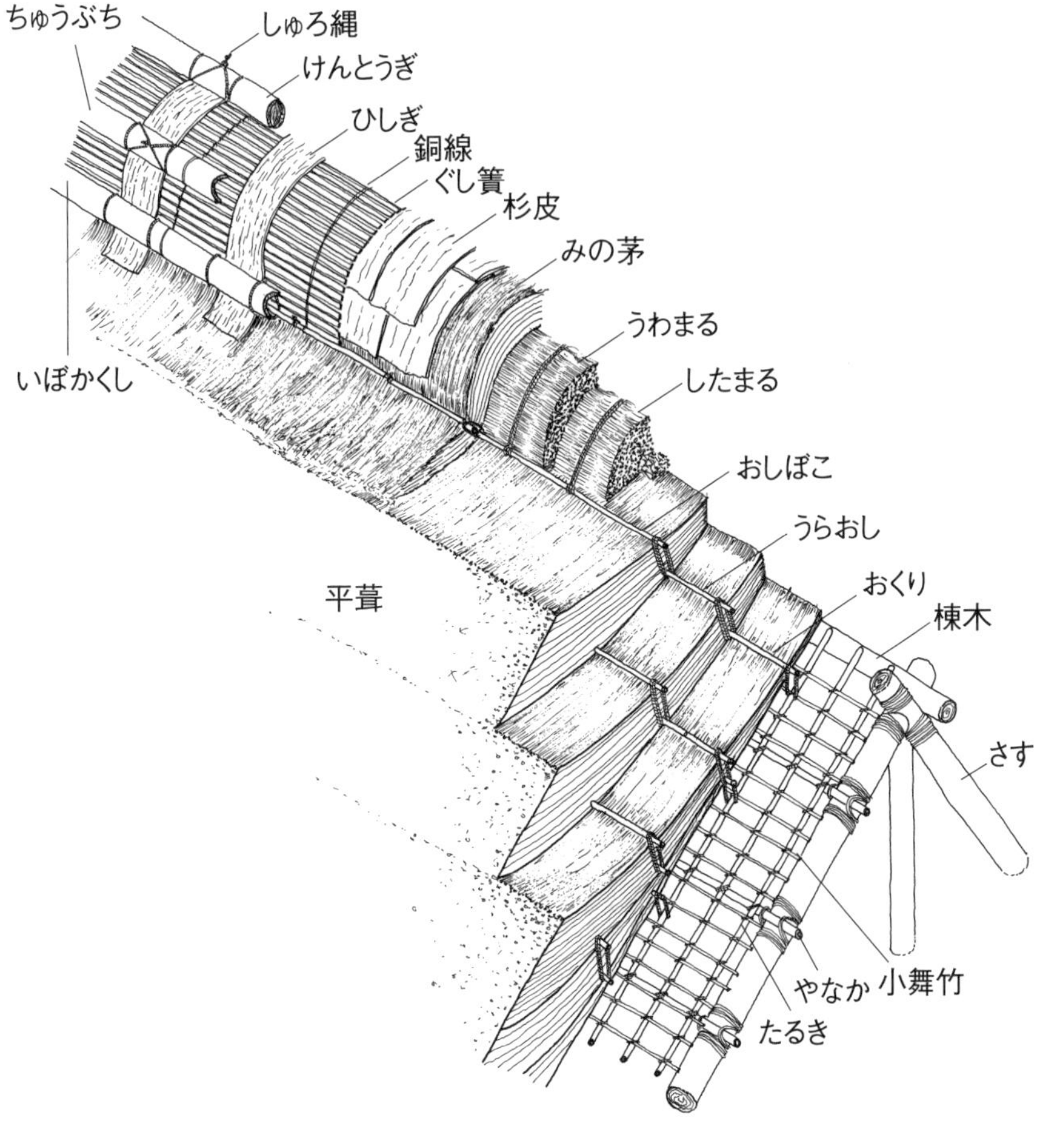
ちゅうぶち
しゅろ縄
けんとうぎ
ひしぎ
銅線
ぐし簀
杉皮
みの茅
うわまる
したまる
いぼかくし
おしぼこ
うらおし
平葺
おくり
棟木
さす
やなか
小舞竹
たるき

竹簀巻詳細図(茨城県八郷町)

棟積茅を持たない置千木（高知県本川村）

棟積茅を持つ置千木（京都府美山町）

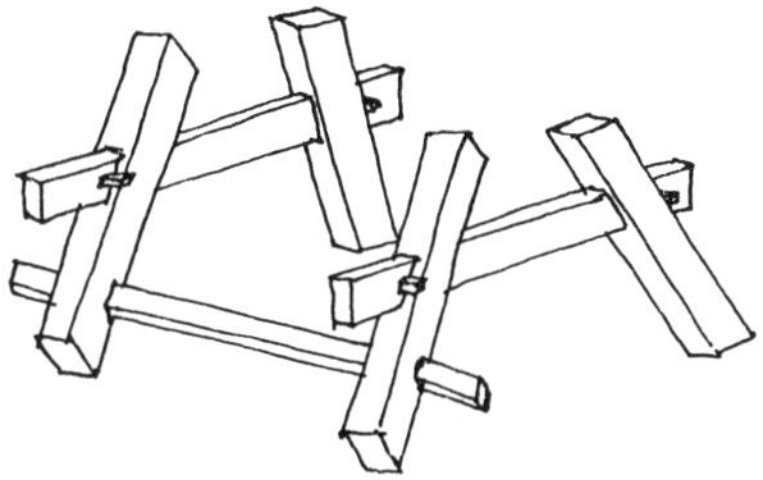

くら型の千木

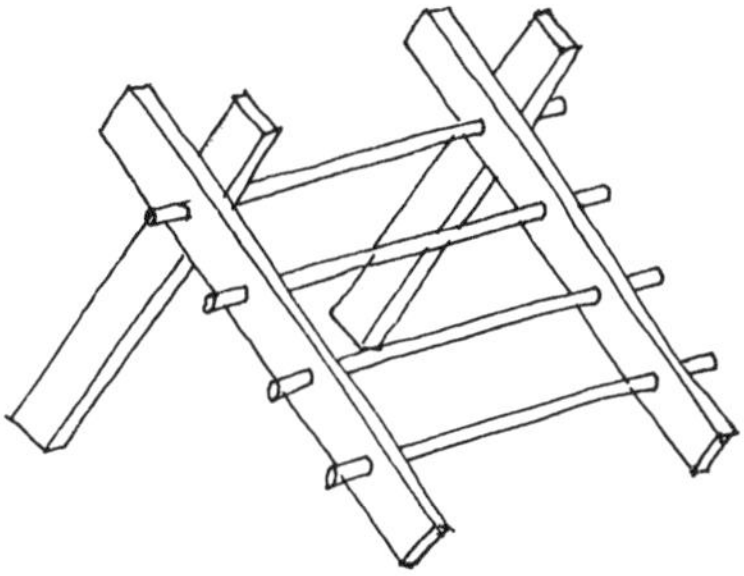

X型の千木・細棒を貫通させた接合

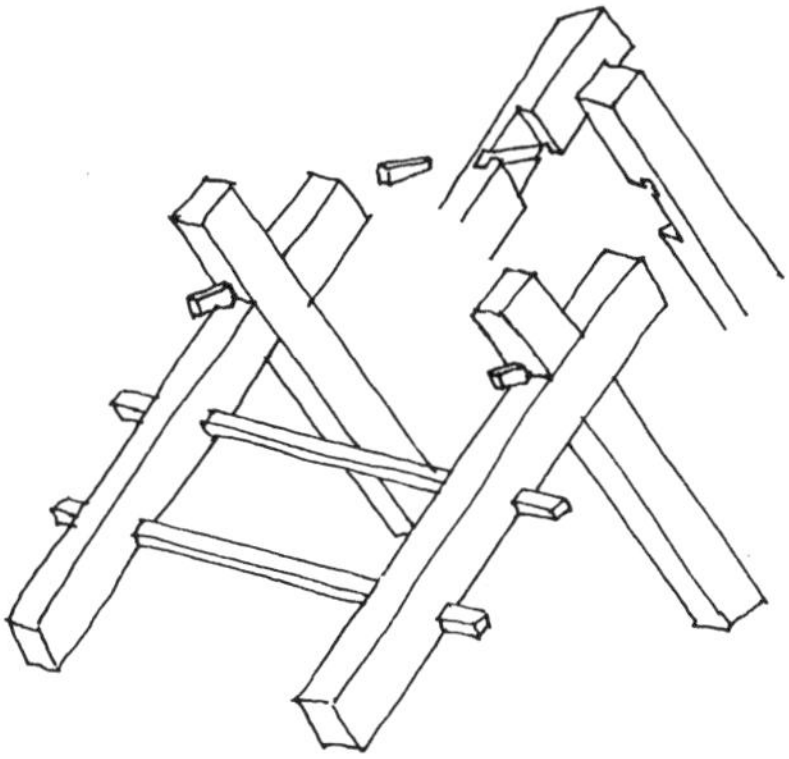

X型の千木・相欠きの接合

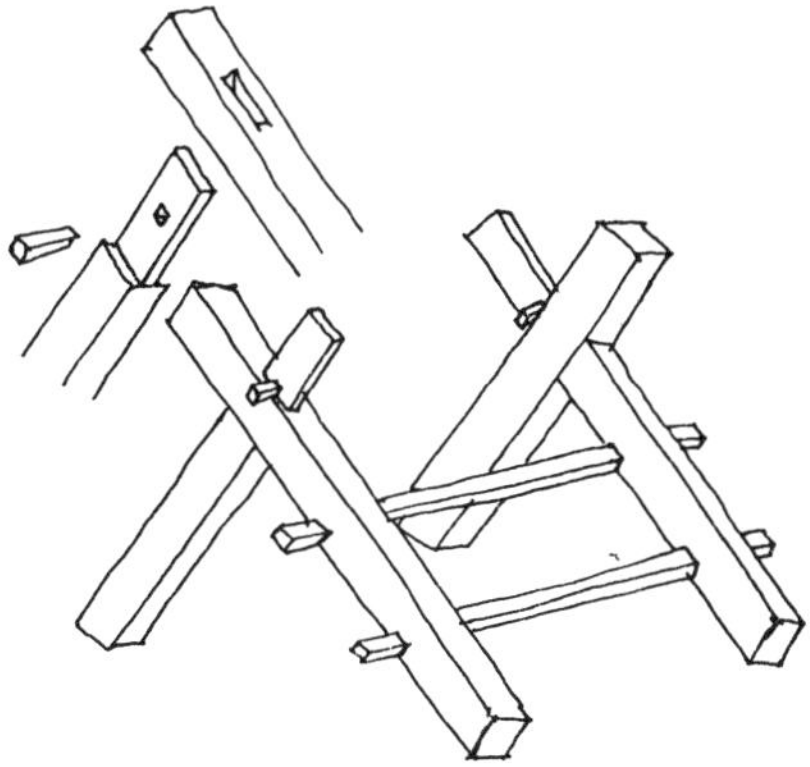

X型の千木・ほぞ差し鼻栓打ちの接合

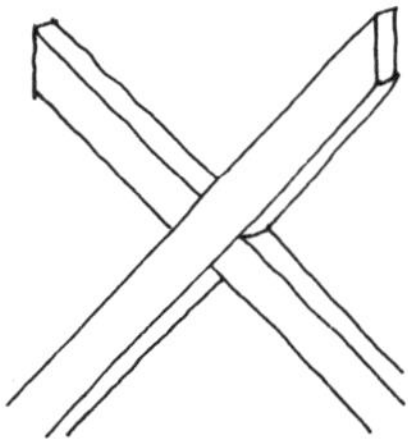

垂直な端部

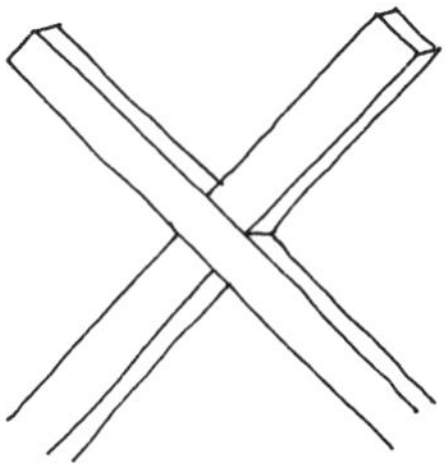

直角な端部

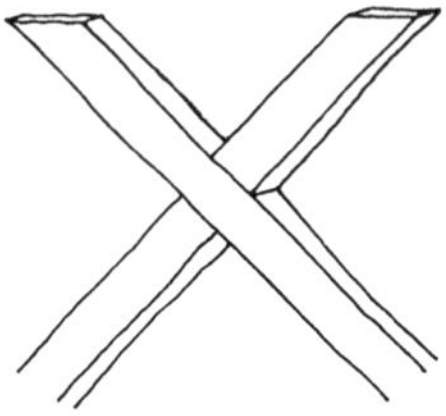

水平な端部

千木の形

は、この形式の棟仕舞の原型を今日に示してくれているように見える。

芝棟は野芝の生えた土の重みで押さえると同時に芝の根が棟にからみつくことで棟を固定するという数多い棟仕舞の中でも最も野趣溢れる特異な棟仕舞である。芝棟をくれぐしと呼ぶ地方が多く、ぐしとは棟、くれとは土くれの意味で根土ごと掘り起こした野芝を指す。

みの茅で棟を覆った上に野芝の根に土のついた状態のものを載せ、その野芝がうまく根づけばほとんど手入れする必要のない丈夫な棟ができあがる。野芝を植える前に杉皮を防水層として敷き込む場合と直接みの茅の上に植えて根をからませる場合の二通りある、前者は芝土の重みで棟を押さえ、後者はそれに加え根がみの茅に直接からみつくことで固定されることを意図している。この棟仕舞の欠点は植えた野芝が風雨でずり落ちる心配のあることで、その対策として棟の両脇に丸太や竹等が配される。

棟に草がぼうぼうにのびた様は、一見原始的で荒れ果てた印象を与えるが、よく繁っていればそれだけ根がはっている証拠であり、棟仕舞として十分機能していることを示しているのである。屋根に土をのせ草を生やすのは、日本では珍しく奇異に見えるが北欧ではよく見かける光景である。白樺の皮等で屋根を葺き、その固定のために屋根全面に土をのせ、それが雨や風に流されたり吹き飛ばされたりしないように草を生やすのであり、屋根全面に生えた草と土は屋根の断熱材としても重要な役割を果たしているのである。

日本の芝棟は断熱材としての機能はないが、色鮮やかな野の花を楽しむ空中花壇でもある。野芝の間にやまゆり、のはなしょうぶ、のかんぞう等のゆり科の花が植えられた棟は、とくに開花期には見事な景観を呈する。

このような花を棟に植えるとくれ持ちが良くなるといわれ、人々はせっせと花を植えるのである。実際棟に花を立派に咲かすには、それなりに丈夫な棟仕舞であることが必要であり、花が咲き続ける間は安泰なのである。

関東山地では棟を押さえる植物として野芝の代わりにいわまつを植える。この高山植物は晴天にはその葉を閉じてしぼみ雨天の時に葉が全開になるという機構を備える故に乾燥に極めて強く、棟に植えるにはうってつけの植物である。残念なことに採集できる場所が限られるので広く普及できるものではなかったが、いったん棟に植えられたいわまつは、成長してその実生を北側の屋根面に育てる。この実生の苗は屋根を葺き替えるころには大きく育ち過ぎて棟仕舞には不向きになった親木に代わって棟に植えられるのである。建築に生きた植物を使うのはなかなかむずかしいことではあるが、その特性を見極めた芝棟はなかなか奥行きの深い技術であることがお分り頂けよう。

瓦巻はみの茅を瓦で覆って保護すると共にその重みで棟を固定しようとするものである。

茅葺きの棟仕舞に用いる瓦は特製のもので、雁振瓦と呼ばれるつばのついた丸みのある瓦を五枚から七枚棟を巻くようにとりつけるもの（関東）と、かめ瓦と呼ばれる半円瓦を一枚で棟を巻

棟に咲きほこるゆりの花（岩手県住田町）

棟に芝を植えているところ（秋田県八竜町）

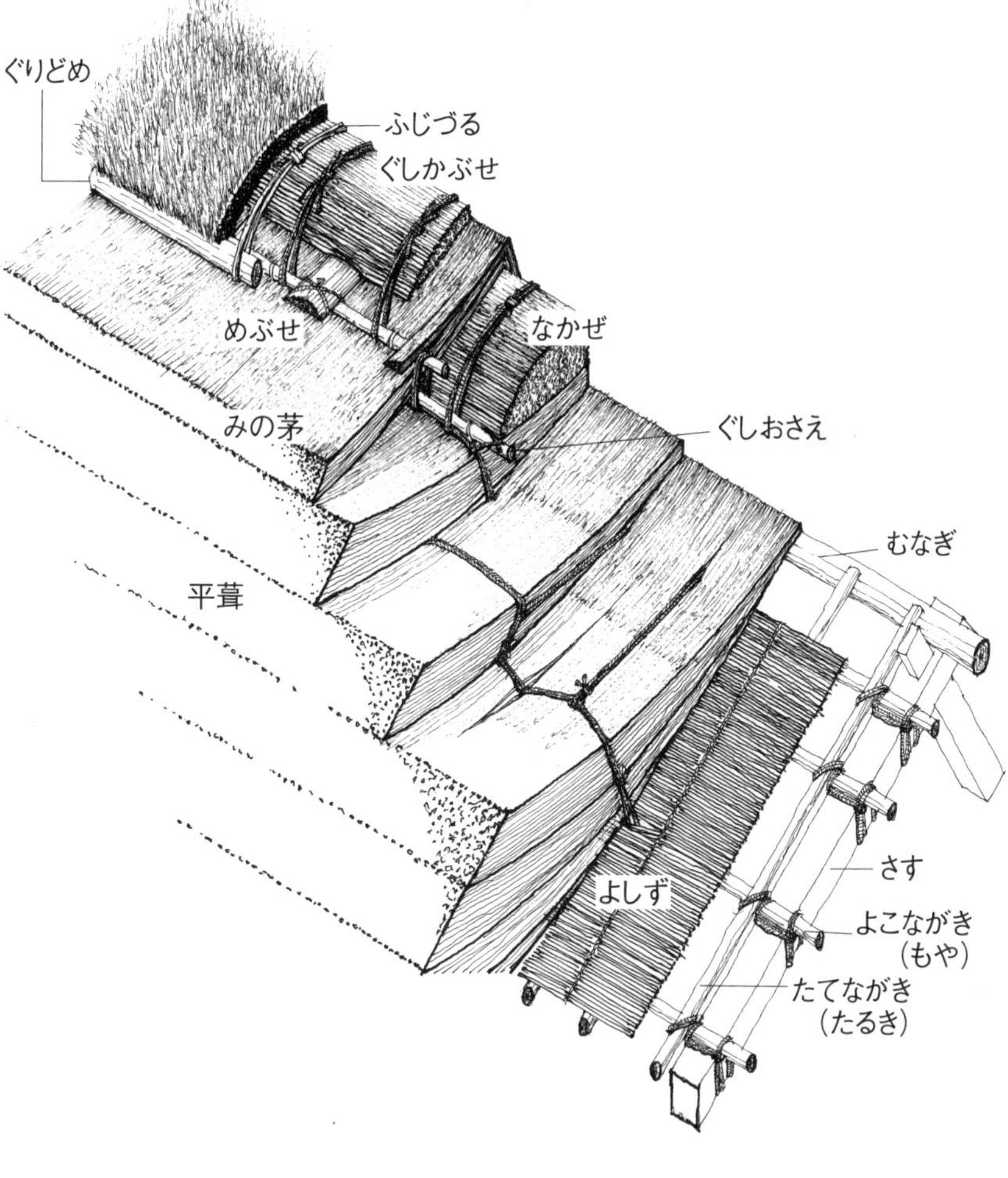

ぐりどめ
ふじづる
ぐしかぶせ
めぶせ
なかぜ
みの茅
ぐしおさえ
むなぎ
平葺
さす
よしず
よこながき
(もや)
たてながき
(たるき)

芝棟詳細図(秋田県八竜町)

くもの（佐賀平野）の二通りある。雁振瓦の継ぎ目をしっくいで塗り固め強風対策としたものは海岸部に見ることができる。

最後に紹介するこれまでの棟仕舞とは全く異なる考え方の箱棟は、これまで述べた各種の棟仕舞に代わって全国的に普及した棟仕舞である。

この箱棟は、棟木から束を立ちあげ、棟に別構造の小屋組をつくり、それを瓦葺きとしたもので、つくるのに手間のかかる割には痛みの早い各種の棟仕舞に対して、痛み易い棟を茅葺きから切り離し、そこだけ耐久性のある別構造としたものである。

こうすれば茅の葺き替えの時には棟の葺き替えは不要となる都合の良いものであった。又瓦葺きの棟と茅葺きの間を雨の吹き込まない範囲で離すことも可能で、屋根裏の換気を図るには好都合であったので特に養蚕業の隆盛と共に普及した地域も少なくない。

ここまで棟仕舞の固定法に着目した分類に沿って各種の棟仕舞を概説してきた。

ところでこのような多種多様な棟仕舞は日本各地にどのように分布しているのであろうか。ここに示した棟仕舞の分布図は一〇年に及ぶ実地調査の結果とこれまで公表された主要な文献から作りあげたもので、これによると次のような特性が読みとれる。

笄棟は石川、富山と鹿児島、沖縄に集中して分布する。

針目覆は近畿、四国のほぼ全域及び山陽、北九州に分布する。

竹簀巻は関東、東海、山陰、南九州に分布する。

一枚の半円瓦の瓦巻（佐賀県川副町）

屋根裏の換気を考慮した箱棟（島根県出雲市）

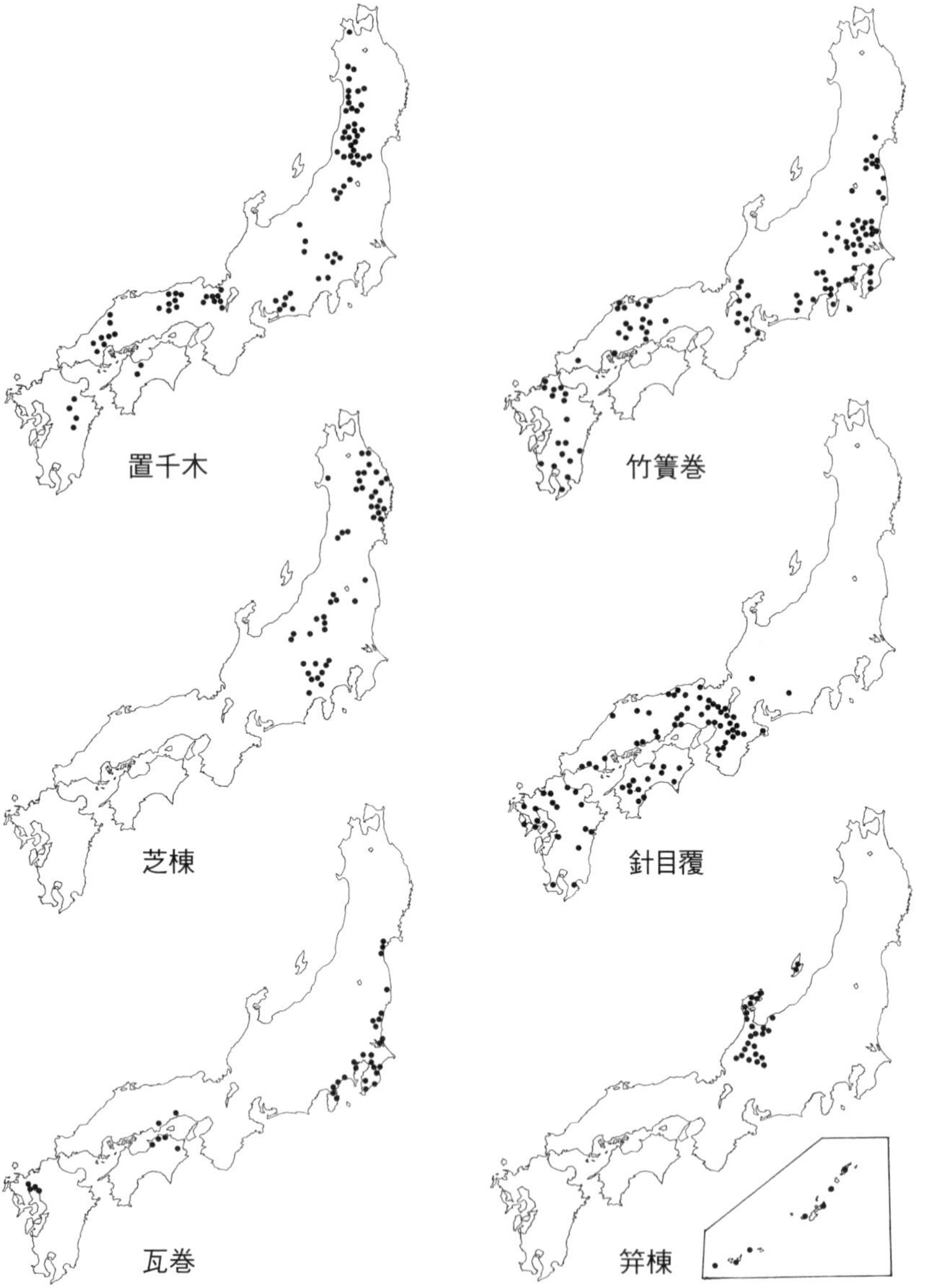

棟仕舞分布図

芝棟は関東、東北の太平洋側から山間部にかけて分布する。
置千木は全国的に散見される。特に山間部に多い。
瓦巻は関東の太平洋沿岸、近畿四国の瀬戸内沿岸、及び佐賀平野に分布する。

次に分布の分散、又は集中度の点から見ると、全国的に分布が分散するのは置千木であり、次いで北日本を除く全域に分散するのが竹簀巻である。

地域的にまとまり、且つ分布の広いものは芝棟と針目覆で、芝棟は関東以北に、針目覆は近畿以西に広がり、他地域には見られない。又、瓦巻は関東以西の海岸部に点在して分布する。

一方、笄棟は北陸の一部と鹿児島、沖縄という遠く隔った二地域にのみ集中するという特異な分布を示し、両地域の数多くの民俗事象の共通点とあわせて考察すると文化的つながりが連想され興味深い。

以上まとめると、

一、置千木は普遍的な棟仕舞である

二、竹簀巻の分布が主として関東以西に偏るのは竹の自生する範囲と重なっており、竹を手軽に入手できる範囲にそれを多用した棟仕舞が普及していることを示している

三、土と植物の根の重みで棟を固定する芝棟は、関東から北にしか見られず、これに対して下地に縄で縫いつけ縫い目を茅束で覆うというていねいな固定法をとる針目覆は日本の南西部に分布している。これはつまり、芝棟は芝が枯れずに根づく夏の短い北日本に適した棟仕舞

であることを示し、これに対して台風の常襲する地域では下部構造にしっかりと結びつける棟仕舞が普及しているのである

第五章——屋根の葺き替え

茅葺きの寿命

日本の伝統的な庶民のすまい――民家は一〇〇年を超す風雪に耐えるものである。とはいってもそれがそのままあてはまるのは太い木材で組まれた構造体だけであって、屋根や壁はその寿命に合わせて定期的に部材を交換することで、その機能を維持してきたのである。茅葺屋根も、骨太の小屋組は別にして下地と茅は定期的な葺き替えが習慣化されていた。古くなって傷んだ茅をはいで、下地を点検し、もややたるきの傷みのひどいものは交換し、縄がゆるんでずり落ちているたるきは元の位置に引き上げられたうえで、新しい縄で結び直される。こまいは全てとりかえられ、新しい茅が葺かれる。これがいわゆる茅葺屋根の葺き替えである。

さて、この茅葺屋根はいったい何年もつのだろうか。

日本の各地の民家を訪ねるたびに聞いてみるのだが、その答えはまちまちである。二〇年たったら葺き替えないとみっともないという人。五〇年ほっといても雨もりすることはないという人。茅葺屋根の寿命を最も大きく左右するのは、その材料であり、稲わらや、麦わらで葺いた屋根はすすきやよしで葺いた屋根より数段耐久性に劣ることは前に述べたとおりである。ごくおおざっぱにいってすすきやよし葺きの寿命の三分の一が麦わら葺きの、そのまた三分の一の寿命が稲わら葺きの寿命である。

たとえ同じ材料で葺いたとしても、屋根の形、勾配、葺き厚、葺き方によってその耐久性は左右され、又今日の茅葺民家においては、いろりで火をたかなくなったためにその寿命が一〇年縮まったという話もあちこちで聞かされる話である。

この他にその土地の気候や地形等の立地条件によって異なることは言うまでもない。更に何をもって茅葺屋根の寿命とするかは、たとえば冒頭に述べたように、美観と雨もりのどちらをその基準にするかで大きく異なるのである。

このように茅葺屋根の物理的な耐久性も、社会的な寿命も一定したものではないが、その土地によってある定められた周期で葺き替えを行って茅葺屋根を維持してきたことは事実である。茅葺きは茅を押さえる竹が露出したら、下地に縫いつけていた縄が腐り、茅はバラバラに屋根から落ちてその寿命が尽きることは前章で述べたとおりであるが、多くの場合このような状態になるまで待つことはなく、もっと早い周期で葺き替えられているのであり、その周期はすすきやよしで葺いた場合で二〇年から三〇年位が普通である。茅葺屋根は一世代に一度葺き替えればよいといわれるとおりである。一方で六〜一〇年というわら葺き並みの周期で葺き替える例（富山県平村）や五〇年から六〇年に一度という瓦葺き並みの耐久力を持つ例（岐阜県白川村）もある。

茅葺屋根の傷みは全体として均一に進むのではなく、ある特定部分が他より早く傷み、その部分の耐久力が屋根全体の寿命を決めてしまう。このことは建物に限らず、道具や機械に共通のことであり、生物の寿命も又同じ過程をたどって尽きるが、材料そのものがもともと痛み易い茅葺屋根は特に顕著にその傾向が強いもののひとつである。

茅葺屋根の部分による傷み方の違いは、主として次の三つの理由により起こると思われる。
一、屋根の形態や構造上の特性によるもの
二、環境条件によるもの
三、葺きむらによるもの
一の屋根の形態や構造の特性によるものとして傷み易いのは、棟、切妻屋根や入母屋屋根の破《は》風《ふ》、軒、L形やコの字形に曲った家にできる屋根の谷である。

棟は屋根のてっぺんで最も激しく風雨にさらされるところである上に、葺き方の構造上の弱点を持つ。つまり茅葺屋根の一般部分では茅の小口《こぐち》が屋根面に出ているのに対して、棟は茅を折って納めてあるので、その側面が風雨にさらされることになり、加えてその折茅を固定する縄が露出してしまいすぐ傷む。その対策として様々な棟仕舞が生まれたがそれでも棟だけの手入れが欠かせない場合が多いことは前章で述べたとおりである。

破風は風にめくられて傷み易いので、破風を葺く茅は他より入念に細く縄で縫われて固定される。

雨が屋根面一様に降ったとすると屋根の軒に近い程、上から流れる雨水が加算され、大量の雨水が流れることになり、それだけ雨もりし易いし、傷みも早い。しかしながら茅葺屋根の軒が他より早くダメになったという話を聞くのは極めて稀である。それは茅葺きの葺き方で述べたように、茅は軒先ほど急勾配にとりつけられ、棟に近いほど傾きが緩くなるという茅葺きの構造上の特性で相殺されていることによると思われる。

屋根の谷は、字の如く雨水がまとまって流れる部分であり、杉皮等を茅葺きに混ぜて敷き込み、補強される必要がある。

第二の環境条件によるものとして、茅葺きの傷み方に最も影響の大きいものは日射である。いろりで火をたかなくなった結果茅葺きの寿命が縮まったことに示されているように、茅の傷みを防ぐには乾燥が第一である。その点、傾斜地の陰や大きな樹木の日陰になる部分もそうであるが屋根の北面は例外なく他の部分より寿命が短い。極端な場合は北面の寿命が南面の半分以下という例もある程である。

第三の葺きむらによる傷み方の違いは次のような過程で生ずると思われる。

茅表面を流れる雨水は少しでも低いところを流れようとする。葺いた当初は問題とはならないような小さな葺きむらによる凹みも、雨水の集中して流れるところとなり、部分的な傷みは加速度的に進行する。ハサミで平滑に刈り揃えられた茅葺きは単に美観上の理由のみによるものではないのである。

以上のような屋根それ自身や環境条件に起因して、茅葺屋根は全体として均一に傷むのではなく、ある特定部分の傷みが進行して、それが屋根全体の寿命を決めることになるのである。

葺き替えと差茅《さしがや》

茅葺屋根の葺き替えというと屋根全体を丸裸にはがし、葺き直す光景を思い浮かべるが、必ずしもこれが茅葺屋根を維持する一般的方法とはいえない。

このような屋根全体を一度に葺き替える方法は丸葺きとか総葺き替えとかと呼ばれ、村人の相互扶助が得にくくなった近年は特に少なくなっている。又屋根が極端に大きい場合は一度に葺き替えるのは、材料の上からも、人手の上からも困難で、屋根をいくつかに分割して数年ごとに順ぐりに葺き替えて維持するという方法をとる場合が多く、主屋の規模が大きい北陸や東北地方においてその傾向は顕著である。

又、このような分割葺き替えより更に小規模な屋根の維持方法として差茅がある。これは、古くなって傷んだ茅を屋根からはずして、新しく葺き直すのではなく、古茅はそのままにして、新しい茅をその間に差し込み、補強する方法である。

この差茅は寿命の近づいた屋根の葺き替えまでの延命のために、特に傷みのひどい部分に茅を差し込むのであり、又部分的破損の応急処置として、南国では台風通過後に、北国では春の雪どけと共に、引き抜かれた茅を補うために行われるのである。

このように差茅は、延命のための仮補修や事後の応急処置としてどこにでも見られる茅葺屋根の修理方法であるが、一方で葺き替えを全く行わず、もっぱらこの差茅を定期的に行うことだけで屋根を維持している地域もある。但しこの方法による場合には葺き替えの三分の一程度の短い周期で差茅を行うことが前提となる。

又、応急処置としての差茅は素人でも行えるが、全く葺き替えをしないで差茅だけで屋根を維持するにはそれなりの技術が必要であり職人に頼ることになる。

以上、茅葺屋根の維持方法として、丸葺き、分割葺き、差茅の三つの方法があり、丸葺きは主として九州や四国地方に多く、差茅のみに頼るのは新潟県を含む東北地方の日本海側に限られ、その他の地域は分割葺きが一般的である。又、関東地方には新築後二〇年目に差茅し三〇年目に葺き替えをするというサイクルが定着している地域もある。

丸葺きをするのは村人の手で屋根を維持する場合である。村人総出で集落内の家を毎年一、二軒ずつ順番に葺き替えていくのである。早春から田植えの始まる前までの天候の安定した時期が屋根の葺き替えシーズンである。とはいっても雨に降られる可能性もあるわけで、今日のようにビニールシートの普及していなかった当時、万一葺き替えの最中に降られ、ススで真黒に汚れた屋根裏に降った雨が室内にもったら、家や家具はだいなしである。従って、丸葺きは余程大きな家でない限り、古茅を降ろしたその日のうちに葺き上げるのが原則であった。

一方村人だけで屋根を葺くにもかかわらず分割葺き替えを習慣とする地域も少なくない。それは茅の収集を個人的に行い、その相互扶助の習慣を持たない場合である。たとえ毎年せっせと茅を刈り貯えても屋根全体を葺き替えるに足るだけの茅を集めるのは個人の努力を超えるものであることを示しているといえる。

このように丸葺き替えは村人による茅集めと葺き替えの一貫した相互扶助のシステムがあってはじめて可能な方法で、その背景には結束の強い村落共同体の存在を見逃すことはできない。

これに対して屋根を葺く主体が職人にある場合は丸葺きをすることは、余程小さい家でない限り困難であり屋根をいくつかに分割して葺き替えることになる。下働きとして村人の相互扶助はあるものの、実際に屋根を葺くのは職人であり、少人数でていねいに葺き上げる方法がとられるので、とても一日や二日で丸葺きするのは無理なのである。又職人へ支払う賃金の負担も決して小さなものではなく、その点からも丸葺きはむずかしく、屋根をいくつかに分割して葺き替える方法が都合が良いのである。

差茅で屋根を維持する場合には職人の下働きとしての相互扶助さえ全く見られない。葺き替えと違って屋根をはぐわけではないので少人数の職人がのんびりと施工することも可能なのである。又、毎年特に傷みのひどい部分に少しずつ差していけばよいので、茅も一度に大量を集める必要はなく、そのつど家人の手で刈り集められる。従ってこの場合は、茅収集の相互扶助もほとんど認められない。

村人が主体となる葺き替えは農閑期である早春又は晩秋の村の最大の年中行事であり、その後の飲食は村人がふだんの苦労や心配事を忘れて楽しめるお祭りのようなものであった。又村のどこかで毎年葺き替えているとはいうものの、その家の主にとってみれば丸葺きは一生に一度のことであり、それにかける意気込みは並たいていのものではない。前年から準備万端整え、天候に恵まれることを祈ってその日を待つのである。

手伝いに来る村人は手に手に米や魚や酒やとうふなどを持ち寄り、葺き替えの無事成功を祝って飲み歌い踊る様子は、まるでそのために葺き替えがあり、葺き替えは宴会のほんの序曲に過ぎないようにさえ見える盛大なものであった。それは家新築の棟上げにも劣らない派手なもので、実際丸葺きの完成祝いを棟上げと呼ぶ地域も少なくないのである。

職人に葺き替えの主体が移り、分割して葺き替える場合、茅葺きの葺き替えは単なる個々の家の主要行事のひとつに過ぎない。手伝いに集まる村人も少人数で、酒や食物を持ち寄る習慣も薄れ、派手な完成祝いも見られない。ただ棟を同時に葺き替える場合には、丸葺き並みの贈答が手伝いに来る人々をはるかに上回る広範囲の家々から寄せられる例があり、これは村人総出で丸葺きをしていた習慣を職人に主体が移った後も儀礼的にとどめているものと思われ興味深い。この点から見ると職人だけで屋根を維持する差茅は、単なる建物の修理工事のひとつに過ぎない。屋根をはがずに済み、又村人の手助けも不要であるから、差茅は季節を選ばず、厳冬期を除けばいつでも可能であった。

ところで茅葺屋根の葺き替えというと、全部新しい茅で葺き直すと思われるかもしれないが、実際は全使用量の四分の一から三分の一は古茅が再使用されているのである。

屋根から降ろされた古茅は、より分けられ、新しい茅に混ぜて葺き込まれる。茅を葺く際に、茅の傾きを調整するためにおくり茅という短い茅を奥に敷き込むことは前述したとおりである。

このおくり茅にもっぱら古茅が使われ、又、軒付けの化粧として古茅を不可欠とする例もあることは前に述べた。

このような古茅の再使用の第一の目的はもちろん茅を節約することにある。様々な茅収集の相互扶助をもってしても、大量の茅を集めるのは並たいていのことではないのである。従って特に丸葺きの場合は古茅を全く使えなくなるような状態まで葺き替えずに放って置くことは、それだけ大量の茅を集める必要にせまられ、増々葺き替えにくい状況に追い込まれることになるのである。これが早目早目に葺き替えをする理由のひとつである。

茅葺屋根は全体として均一に傷むのではなく、特に日当りの悪い北側の寿命が短いことも前に述べた。とすると丸葺きはこのような現象に対して一見不合理な維持方法に見える。確かに一部の傷みのために全体を葺き替えるのは労力の無駄遣いではある。しかしながら北側の寿命が限界に近づいている時にはその他の部分も北側ほどではないにしても傷んでおり、この北側の限界は言わば屋根全体の警告信号なのである。茅はいったんある箇所が傷み始めると、その傷は加速度的に進行して広がってしまう。そうなる前に一度解体して全体を葺き直すのは茅を無駄なく使い切る上で大変有効な方法といえる。

分割葺きは、分割した各部分の傷み方に応じた周期で葺き替える利点を持つことは言うまでもなく、差茅も本来茅葺きの部分補修のための技術である。いずれの維持方法も茅の有効利用がその根底にあった。

生活系の中での茅葺き

茅が村落社会でいかに貴重なものであったかは今日の想像を超えるものがある。「大和本草」（一七〇八）によれば「芒（すすき、かや）は長短二種あり、短き者はかやと云、山野に遍く生ず、薪とし屋を葺く者是なり、長き者をすすきと云、茎経なり、秋花あり、うえて藩籬《はんり》とし、きりて箔《すだれ》とし壁代とし、箸とし、基茎穂《そのくきほ》は帚《ほうき》とす、長短並に甚《はなはだ》民用に利ある事、五穀麻綿につぐなり。屋上のかやふきふるきと、かやすだれのふるきも皆功能あり」とその有用性が述べられている。

このように茅は実に多様な用途に使われてきたものであり、屋根用の茅が他の用途と密接に結びついている場合がある。

雪囲いは、積雪や吹雪から住居を守るため、その周囲に設けられる雪国で普遍的な防御策である。地方により雪垣、冬垣、そがき、かちよ、かぜはずき、等多くの呼称がある。仮設的な防風垣も同じ名称で呼ばれることがある。この雪囲いが冬期に限られるのは、夏冬の気候の差が大きいからで、雪国でも夏は開放的にしたいためであり、又、気候に応じて住居の壁の構成を変化させることに経済的な利点があるからである。

この雪囲いは、つくり方から次の三つに分類できる。

一、開口部の雪囲いで、開口部装置の一部として建築化された恒久的なもの
二、家の周囲に丸太などで仮設的に骨組みをつくり、そこに茅簀、葭簀、菰、板など繰り返し
　　毎年使用する専用の部材をとりつけたもの
三、二と同様の下地に、茅束、わらなど毎年材料を更新しながらとりつけ、つくるもの
この三つの方法のうち、三の方法は茅葺屋根の家に特有の方法である。この茅束の雪囲いは毎年材料を更新し、直径一〇〜一五センチ程の茅束をひとつずつ縄でくくりつけていくので手間も大変なものである。にもかかわらず、依然としてこの形式の雪囲いが各地で根強く残っているのはこの雪囲いに使った茅束を後に屋根の補修に使うことが前提となっているからである。

この雪囲いから屋根材への茅の転用は雪国での茅を住居に用いる技術として完成されたシステムなのである。

即ち、屋根の補修には膨大な量の茅が必要で、毎年少しずつ刈り集める必要がある。雪囲いとして茅刈りが習慣化され毎年茅をきちんと刈り続けるので、自然と屋根の維持に必要な量が貯えられるのである。このようにして日本の南西部においてその年に屋根を葺き替える家のために共同で一括して茅を収集する場合が多いのに対して、雪国では雪囲いに必要な茅を毎年各家が各々、採集する方法が定着しているのである。更に、このような茅の採集方法は、特有の屋根の維持方法と一体となったシステムをつくりあげている。

毎年、又は二、三年毎に雪囲いに使われた分で屋根を部分的に補修する。こうすれば茅を長期保存するための場所や手間を省くことができるのである。雪国で屋根の維持方法として差茅が広

く定着している理由はひとつにはこの点にあると考えられる。

　化学肥料の普及する以前の農業生産における茅の役割は極めて重要で、堆肥・緑肥として大量に使われてきたものである。例えば、収穫量一九石（一石は一〇斗、一八〇リットル）位の一地主にして水田の肥料となる苅敷《かりしき》刈に延五〇〇人を用いた例があり、また、約一〇〇俵の米を取る水田に一七一駄（一駄は両手で摑める程の小束で三〇束）の苅敷を入れた例もあるほどである。

（古島敏夫「日本林野制度の研究」一九五五）


　このようなかで屋根を葺き替える際に大量に出る古茅は適度に朽ち果て、又、いろりから出るススが大量に付着したもので肥料としてうってつけのものであった。

例えば茨城県八郷町では小麦わらで主屋や付属屋の屋根を葺き、小麦わらが耐久性に乏しいこともあって、毎年、主屋や付属屋の屋根のどこかはせっせと葺き替えては肥料を作り出していた。この地域では「屋根を葺けば田ができる」と言われている程であった。

　この古茅がいかに貴重なものであったかは、葺き替えの際にそれの分配方法を定めた地域さえあることにも示されている。例えば、岐阜県白川村木谷では、屋根から降ろした古茅は木谷の家全部で等分に分ける。又、高知県檮原町上本村では屋根葺き組の共同で茅の採集、葺き替えを行うが屋根を茅葺きから他の葺き材、例えば瓦等に葺き替える際にはその古茅は全て組員で等しく分配される。

　このような肥料としての古茅利用が茅葺屋根の葺き替え方法を規定している場合がある。合掌造りで知られる富山県五箇山地方では、切妻屋根を六等分して葺き替えるのが一般的で、これに庇や便所、倉などの屋根の葺き替えを加えるとほとんどの家で毎年どこかの部分を葺き替えるのである。葺き替え周期は約一〇年と極めて短いため葺厚は薄く葺き方もそれに見合った簡便なものである。しかし、年間あたりの屋根の単位面積あたりの茅の使用量は相倉集落を例にとると、他の地方の約三倍であり、葺き替えの手間もそれなりにかさむことになる。

にもかかわらず、この地域でこのような維持方法がとられているのは、ひとつには古茅が養蚕のための桑畑の肥料として欠かせなかったためである。桑畑の肥料として毎年一定量の古茅を施す必要があり、ちょうど茅をいったん、家畜の敷草として使い、後に堆肥として田畑に施すようにその年に刈った茅で屋根を葺き、その分の肥料（古茅）が生産されるというわけである。刈った茅を直接桑畑に施肥するよりは、屋根に使った古茅の方が肥料としては上等で、屋根も傷む前に葺き替えられる。このような、毎年のように各家で行われる葺き替えは一代に一度の葺き替えを行うような方法と比べ、極めて日常的で、年中行事として習慣化されたことによる利点も大きいのである。

ところで同じ養蚕農家で、同じ合掌造りで知られる岐阜県白川村ではお隣の平村とは対照的に、屋根を表裏の二分割として、それぞれ五〇年を超す周期で葺き替えるという維持方法をとる。これは白川村では大半の家が農耕用として牛馬を飼育していたのに対して平村ではそれはごく一部の家に限られていたからである。これは平村が白川村に比べ貧しかったことを直ちに意味するも

茅束で雪囲いされた民家(秋田県鳥海村)

同上　冬

のではない。平村では零細な農業の代わりに、白川村と同様な養蚕の他に和紙製造等も盛んであり、田畑への依存度が極めて低かったのである。

その結果白川村では毎年秋に刈り取った茅の一部を一冬の間牛馬の敷草として利用しつつ堆肥を生産できたが、平村ではそれが不可能で、毎年刈り取った茅を全てそのまま屋根葺材として利用し、それにかわって出る古茅を肥料として用いたのである。

以上の例は、建築の系の中だけで茅の利用を見ると無駄で不合理に見えるが、それを含む村落生活の中で捉えればより有効な茅の使い方であることを示すものである。

このように村落生活においては日常のくらしも、農作業も、そして家をつくり維持することも一体のものであり、ある部分だけをとりだしてみると不合理に見えてもそれ全体として組み立てられたうえでは整合性を持つものであることを知るべきであろう。

第六章——茅葺きの村々

ここに紹介する村々は滅び去ろうとしている茅葺きの中で、その大多数の家々が茅葺きで、今日も茅を刈り、屋根を葺く作業が営まれ続けている集落である。

高知県檮原《ゆすはら》町

檮原町上本村は高知県の北西山間部に位置し四万十《しまんと》川の支流檮原川の上流の谷沿いに分布する集落である。標高約五〇〇メートルで、南国でありながら冷涼で雪も降る。この上本村を更に三キロメートル上ると愛媛県境地芳《ぢよし》峠（標高一〇七四メートル）に達する。

檮原町の九〇パーセントは山林であり、田畑は狭小で農業の他に林業・製紙業も営む家が多かった。又、広大な山林を利用しての焼畑も近年まで行われていた。

上本村は旧越知面村の一集落で一九八一年現在三四戸から成る。この上本村は更に死人組・普請組等の相互扶助の組に分れる。死人組は葬式・埋葬の互助、普請組は家普請や屋根葺きの互助組織であり、いずれも上本村に上、中、下の三組あり、各々の組の構成員は少しずつずれているが、ほぼ重なっている。例えばF家の属する普請組は一三戸から成り、死人組は一一戸から成る。

檮原町上本村遠景

そのうち七戸は同じ家である。このF家と同じ姓は上本村内に三戸ある。この三戸は家も隣同士の同族であり、死人組、普請組を同一にし集落内で最も密接な関係にある。

各家は主屋と駄屋（物置＋畜舎）から成り、その他に隠居屋、紙すき小屋を持つ家も多い。F家は主屋、駄屋、隠居屋の三棟から成り、主屋は上本村では大きい方に属しその建築面積は一一五平方メートルである。一九八一年現在上本村三四戸のうち茅葺屋根は五戸一〇棟を残すのみである。このうち地域的にまとまりのある三戸七棟は町の文化財として保護されている。この保存事業は一九七四年より始められF家の属している普請組が母体となって作られた。ふるさと土佐（ウルシガノ地区）保存会が中心となり、その葺き替えを行っている。保存事業に要する費用は一部保存会からの出支の他、大部分は高知県と檮原町の補助金に依っている。

このように、この上本村では茅葺きは、今日では少数派となり補助金を受けて保存せざるを得ない状況となっているが、一九七〇年ころまでは普請組による共同採集、茅頼母子、屋根葺きの共同労働を中心に茅葺屋根を維持してきた。その内容は次のようなものである。

一、葺き替えに要する全日（足場づくりは含まない）男一人

二、葺き替えが主屋の場合、茅を二〆（一〆は周囲を三メートルの縄で縛れる量）、駄屋の場合は一〆を供出する

三、共有茅場での茅刈りに男一人・日、その運搬に男一人・日

普請組には普請組庄屋と呼ばれる世話人が決まっていて、葺き替えの順序、期日の調整、通知と葺き替え当日の人員配置等を行う。葺き替えを行う家の決定は秋の組まつり（旧暦九月二一日）に行われる。組まつりは春秋の二回組員の持ち回りによって共同飲食、芸能を行うもので、この時に家普請、屋根葺き替え、田づくり、道づくり等、組内の相互扶助や共同労働について協議する。この時、翌年葺き替えを希望する人が申告し、複数の申告者のある場合は庄屋が調整する。この地域は丸葺きで年一棟が原則だが、主屋が小さい家の場合はその付属屋も同時に葺き替える場合もあった。但し主屋二戸を同じ年に葺くことはなかった。このようにして組内一三戸四二棟が平均二五年周期、毎年約二棟のペースで葺き替えが行われてきた。

この主屋と駄屋以外の隠居屋や作業小屋の葺き替えは各家で主として集落内の親類の手助けで行われる。

例えばF家の場合三棟全て茅葺きである。F家の当主（七六歳）の記憶によれば主屋は一九〇

七年の新築で、一九三〇年、一九四九年、一九八一年の三回葺き替えを行っている。その間駄屋を一九五二年に葺き替えている。平均周期は二七年である。棟、北側、その他の順に傷みが早く、北側が傷むと全体が葺き替えられることになる。この場合傷みのひどい部分だけ応急的に差茅をして二〜三年持たすこともあり、F家でも一九八〇年春に当主が一人一日かかって差茅を行っている。棟は平部分とは無関係に葺き替えが行われる。その周期は四年であり、その家の人だけ、又は集落内の親類間の相互扶助で棟の修理が行われている。男二人で三日程度を要する。

葺き替えに要する茅はその前年の秋にその全てが刈り取られる。収集は次の三つの方法による。

一、普請組内の相互扶助による共有茅場での茅刈りとその運搬。これはブゴウと呼ばれている

二、普請組内の各戸から葺き替え前日に持参される茅。各戸から二〆ずつ。一〆は周囲を三メートルの長さの縄で縛れる量

三、自力又はその近親者による任意の相互扶助により収集される茅

茅場は集落共有の茅場の他に私有の茅場を持つ家も多く、二、三に示す茅は個人所有の茅場で刈られる。この茅場は共有茅場に比べるとずっと狭く又、集落に近い所に散在し個人の力で刈り集められる。小さな家の場合には一、二でほぼまかなえるが大きな家の場合は三の比重が大きくなる。

上本村の共有茅場は集落から徒歩一時間程の山腹にあり、広さ七〜八ヘクタールで周囲七五センチメートルの束で約三〇〇〇束(二〜三軒の屋根を葺ける量)採集可能である。茅刈りの日は上本村の寄合で決められる。例年一一月二〇日前後である。当日その年に茅を必要とする人、即

ち翌年葺き替えを予定している家（上本村普請組三組から各一戸）と棟の手入れや応急処置である差茅、あるいは作業小屋の葺き替え等のために茅を必要とする家（例年一〇〜一五戸）が集まるとその頭数で茅場を分け、抽選でその場所を決める。翌年葺き替え予定の家は各戸から一人ずつ計一二人の手伝いを得て一日で約一〇〇〇束刈る。数日後、茅の乾燥を待って同じ人々の手で運搬される。茅場は急峻な山腹にあり、谷沿いの道までは索道で降ろし、そこから家までは荷車で運ぶ。その他の家は必要量（一〇〇束前後）を自力又は近親者の相互扶助で刈り、同様の方法で運搬する。

F家は大きいので一、二の方法では足りず、隣に住む二軒の親類の助けを得て自有の山林で不足分を刈り集めた。

以上まとめるとこの時にF家では、普請組による共同採集で約一〇〇〇束、普請組の茅頼母子により約四〇〇束、近親者による助けを受けての自力採集約六〇〇束、計二〇〇〇束の茅を使用した。

葺き替えには茅葺き職人は存在せず、普請組が中心となり上本村全戸の相互扶助によって葺き替えが行われる。普請組内の家からは古茅を降ろし、下地の修理交換、そして茅を葺きあげるまでの工程に、たとえ何日かかろうと、その全日に男一人ずつ手伝いに出る決まりである。

葺き替えの当日はこの普請組内からの手伝いの他に上本村の全戸（三九戸）から一人以上の手伝いが出るのが通例であった。葺き替えは大きな家で三日、小さな家で二日かかるので普請組内の労力の賃借は不公平なものとなる場合があるが、組外の家との賃借は一人に対して一人返す対等な労働交換である。この他に炊事の手伝いとして女性が来るが、これは主に集落内外の血縁関係が多い。

このような葺き替えの手伝いの人に対しては昼、夕の食事、午前、午後のおやつを出し、それに完成後の祝宴に招く。手伝いに来る人は縄、米、キビ等を持参する。縄は屋根葺き用で、米とキビは完成祝いのためのものである。このような贈答品、手伝いに来た人数は記録され、その家が葺き替える時にほぼ同等の量を返済する。

一九八一年三月、F家では一九年前の駄屋の葺き替えに続き主屋の葺き替えとしては二七年ぶりのことであり、F家の当主にとっては世代が替わってからはじめての葺き替えであった。

葺き替えは材料の下ごしらえも含めると五日間にわたって行われた。しかしその家での準備はその数日前から始められている。つまり葺き替えの期間中、家の中はススとほこりで真黒になり、最悪の場合には雨をかぶることになるので、家中の家具はもちろん、畳や建具をはずして、一ヵ所にまとめ、貴重品は別棟に運び出す必要があるのである。この家の中の準備は竣工後にまく餅つきで終了となる。

初日は足場づくりをF家の当主とその兄弟と息子とで行う。二日目と三日目は家族に隣に住む親類も加えて、茅葺きの下地となる、えつり竹を割る仕事。そして四日目にいよいよ葺き替えとなる。

上本村のほぼ全戸から手伝いに、隣集落の親類数人を加え約四五名の男たちが集まった。早朝から始められた古茅おろしは、一〇時のお茶の時間までには、再使用する茅のよりわけまでほぼ終わる。お茶といっても普通の昼弁当並みのボリュームに加え、土佐という土地柄か、朝から酒がふるまわれ、赤い顔をした人も少なくない。

続いて下地の修理交換に工程は進む。たるきとこまいを全て新しいものと交換し、新しい縄で結び直されると昼ごはんである。

午後は軒付けが始まり、つぎつぎ茅が葺き上げられていく。手伝いの男たちは角《すみ》葺き、角葺き助手、平葺き、はりとり、茅あげに、その熟練度に応じて、あらかじめ普請組庄屋によって分けられ、屋根での配置が定められている。特に角葺きは、葺き方に技術を要するうえに、平葺きに先行して葺き、その厚さの定規の役割を果たすので重要で、茅葺きの出来ばえはこの角葺きの技量にかかるといっても過言ではない。

この角葺きができる人は上本村には現在五人いる。角葺きは自分の担当した角さえ葺けばよく、葺き替え後も、その出来が良きにつけ悪しきにつけ、その角を葺いた人が忘れられることはない。このような卓抜した技量を持つ角葺きではあるが、それに対して特別の報酬は支払われず、他の村人と同等の労働交換である。

降ろされた古茅のうち傷みの少ないものは再使用するためによりわけ束ねられ、傷みのひどいものは田畑へ運ばれ肥料となる。この時には葺き替えた全茅量のうち二五パーセントにあたる量が古茅の再使用となった。

軒付けや角、破風、棟などの要所は全て新茅で葺かれ、平葺きだけに古茅が新茅と交互に葺き混ぜられる。葺き上がった平部分は古茅の濃い茶色と、新茅のきつね色の縞模様となる。

棟近くまで葺き上がった状態

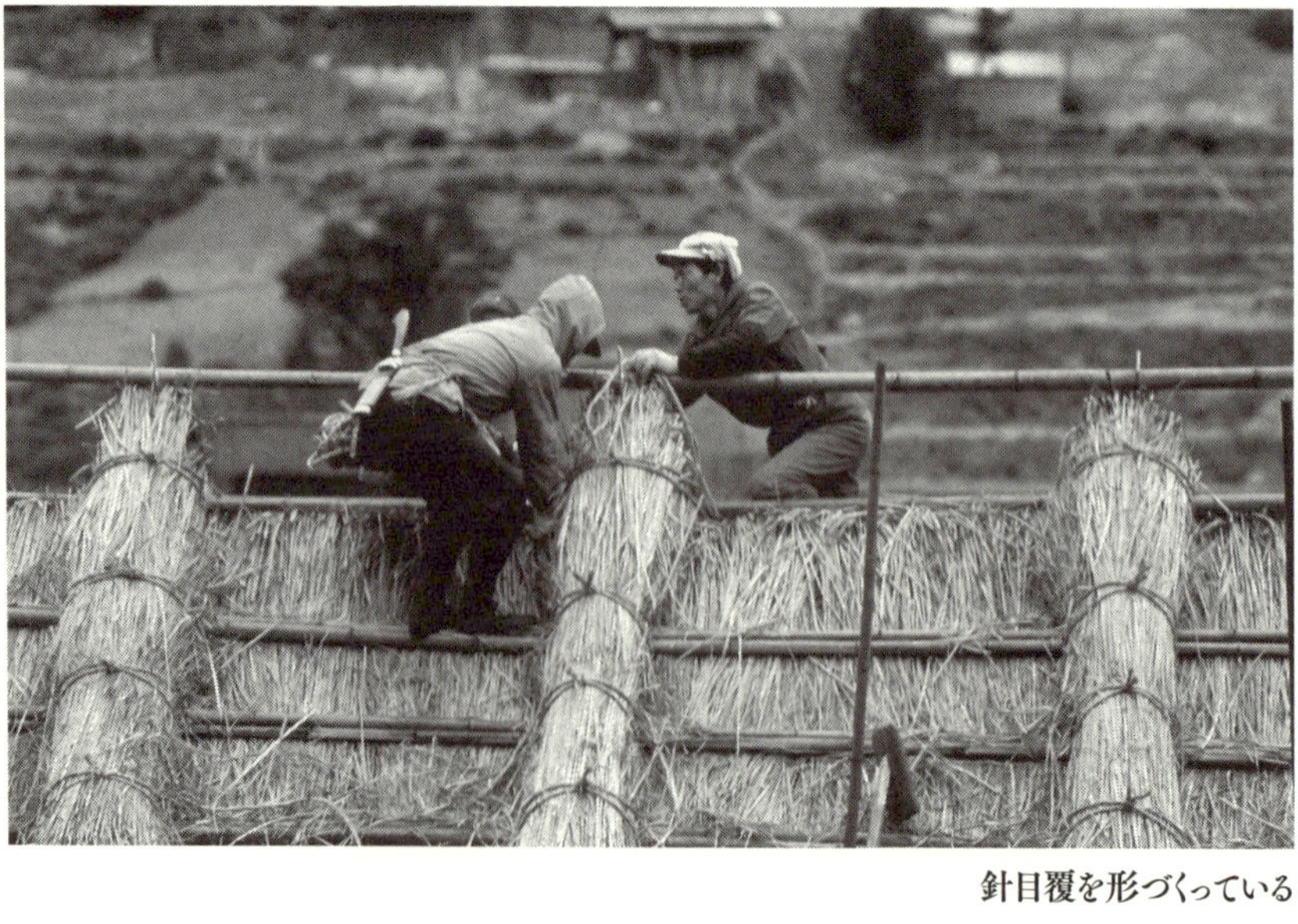

針目覆を形づくっている

古茅は平部分にのみ、新茅と交互に葺きまぜて再使用する

葺き替え完成祝い

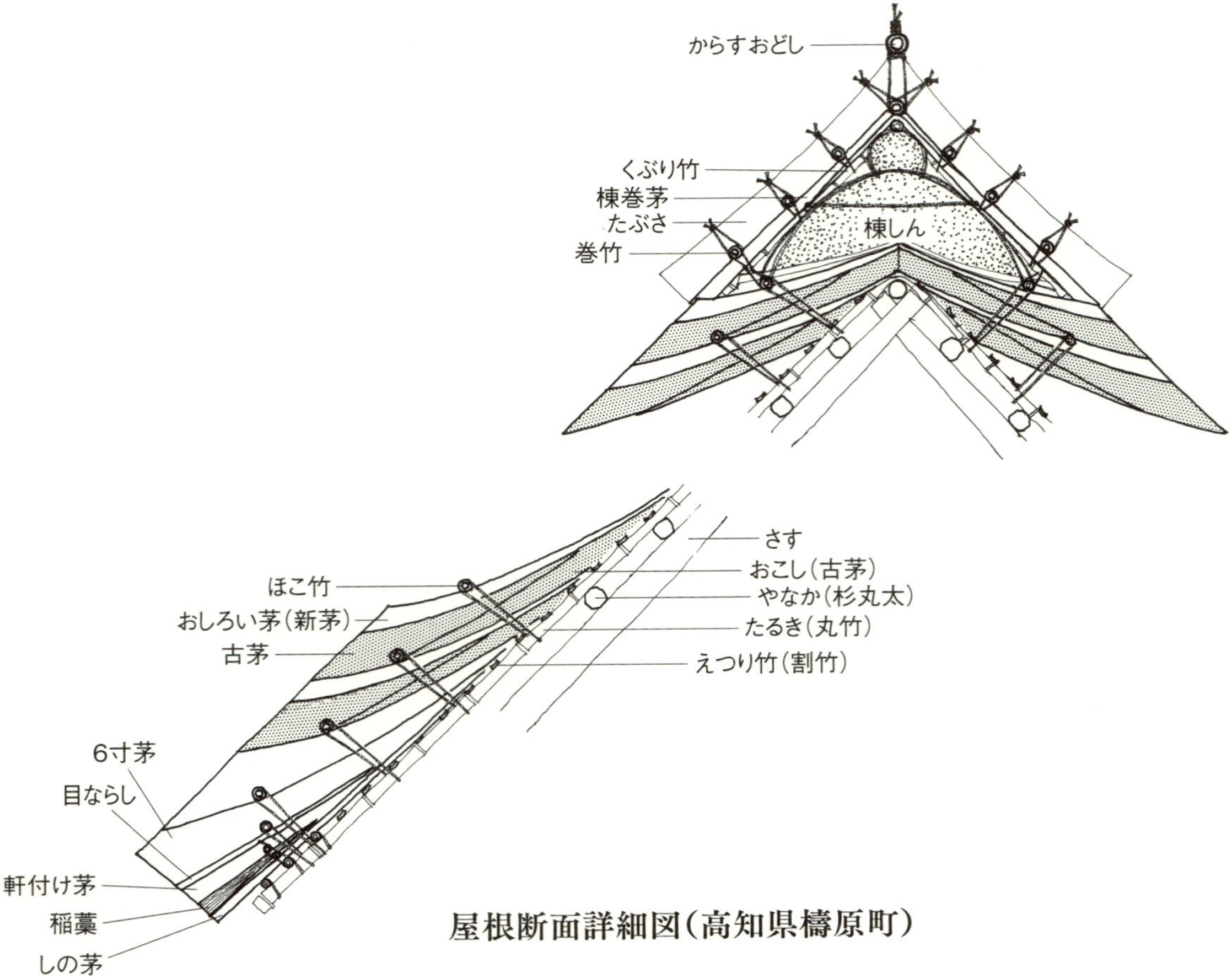
からすおどし
くぶり竹
棟巻茅
たぶさ
巻竹
棟しん
ほこ竹
おしろい茅（新茅）
古茅
6寸茅
目ならし
軒付け茅
稲藁
しの茅
さす
おこし（古茅）
やなか（杉丸太）
たるき（丸竹）
えつり竹（割竹）

屋根断面詳細図（高知県檮原町）

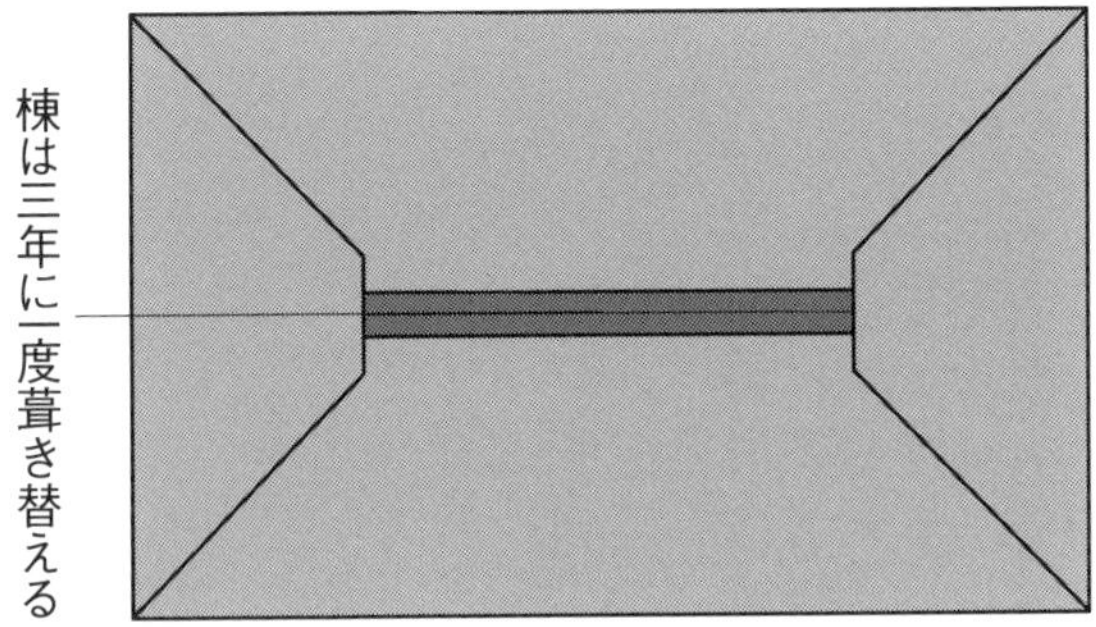
棟は三年に一度葺き替える

F家屋根伏図

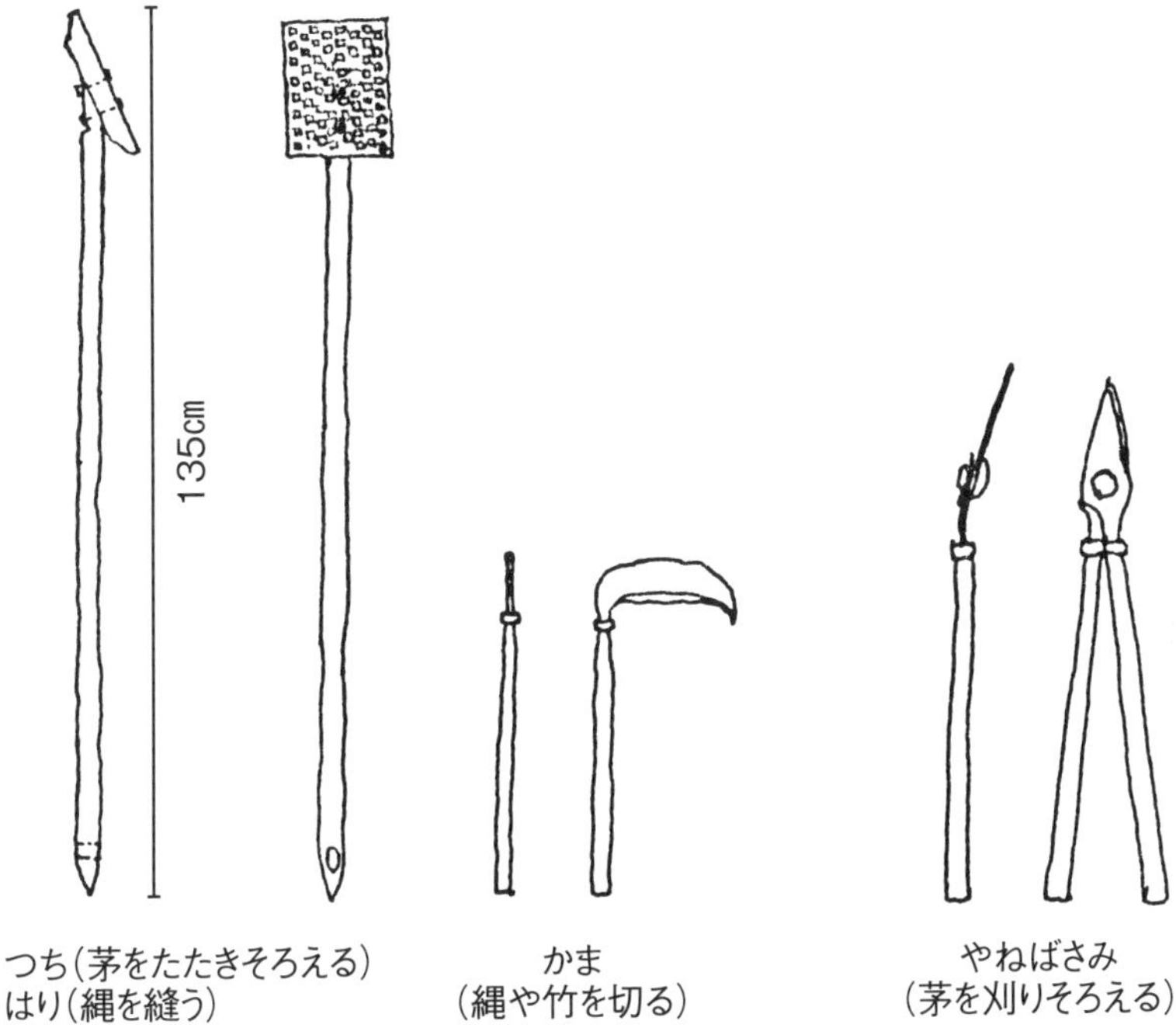
135cm
つち（茅をたたきそろえる）
はり（縄を縫う）
かま
（縄や竹を切る）
やねばさみ
（茅を刈りそろえる）

檮原町の茅葺き道具

檮原町上本村の茅葺屋根葺き替えの相互扶助一覧

	茅収集	葺き替え
主屋	普請組の共同採集（茅刈り、運搬各一日） 普請組の茅頼母子（二〆）	普請組の共同労働、集落内の労働交換
駄屋	普請組の共同採集（茅刈り、運搬各一日） 普請組の茅頼母子（一〆）	
その他の建物	集落内の親類による労働奉仕	集落内の親類による労働奉仕
棟	自力	自力

このようにして平葺きは進められ、その日のうちに棟仕舞を残して葺き上げられるのが一般的であるが、このF家は大きいので、平葺きは八分どおりの出来であった。
翌五日目も、前日とほぼ同人数が集まり、残った平葺きを仕上げ、昼ごろには棟仕舞もほぼできあがった。午後に入るとハサミで平部分や破風と軒の小口を刈り揃え、竹ボウキで茅くずを払うと完成であり、手のあいたものから掃除にとりかかる。

以上の工程に要した人手は延一五一人であり、その内訳は家人二五人、普請組内の手伝い六五人、その他の集落内の労働交換による手伝い四五人、集落外からの親類の手伝い一六人であった。又一戸あたりの手伝いの延人数の平均は、普請組内五人、その他の集落内の家二人、集落外の親類二・二人であった。

このように実際には普請組内からは規定を大きく上回る手伝いが出されるのが通例であり、その結束の強さを示すものである。一方普請組外の家からもだいたい二人ずつの手伝いがあったが、これはこのF家の大きさによるもので、一般的には各戸から一人というのが慣例であり、これは単なる手伝いというばかりでなく、米、きび、縄等を届けるためであり、又完成後の祝宴に参加するという儀礼的な意味あいも強い。

又炊事を担当する女性の手伝いは延四四人であり、大部分は集落内外の親類の家の人であった。

葺き終わると次のような順序で儀礼が行われた。

一、割竹に和紙を貼ったノサと呼ばれる旗状の物を三本ずつ、まず棟中央に、次に両端の針目覆という順序で合計九本突き刺す

二、ノサを刺した部分に酒、水、米をまく

三、棟上で酒を飲む

四、ノサを一本余分に作っておき、それを南側に投げる（冬に葺き替えを行う場合は北へ投げる）

五、餅を四方にまく

以上の儀式は角を葺いた人が行う。又以前は五穀（米・麦・きび・大豆・小豆）を紙にひと包みにし棟や破風に葺き込んだという。

儀式が終わると手伝いの人は家に帰り風呂を浴び、こざっぱりとした服装に着替えて夜の祝宴に参加する。祝宴には葺き替えを手伝った（炊事も含める）男女全員約一〇〇名が集まり、新しい屋根の下でその無事成功を祝っての飲み食い踊りが夜を徹して繰り広げられた。

翌朝、村人たちが引き上げた後、前夜の酔いもさめぬなか、家の中では親類の女たちが台所の後かたづけを始め、家の男たちは足場をはずし、家の中の掃除とかたづけにとりかかり、五日間続いた戦場のようなさわぎがなんとか落ちつくのはその日の深夜になってであった。

岐阜県白川《しらかわ》村

岐阜県白川村は富山湾に注ぐ庄川上流の谷や段丘に分布する一七の集落から構成される山村である。標高五〇〇から九〇〇メートルに位置する高地で一冬の積雪量が二メートルを超す豪雪地帯である。岐阜県に属してはいるものの、文化的には庄川下流の富山県上平村、平村との関係が強く、共に合掌造りで知られている。

白川村の九五パーセントは山林であり耕地は〇・五パーセントに過ぎない。耕地が少ないうえに、冷涼なので水田は谷筋の低地につくられたわずかばかりのもので、米の自給は困難で、食料は稗田や焼畑へ依存し、養蚕が主産業であった。

住居は主屋の他に蔵、ハサ小屋（収穫した穀物を乾燥する小屋）、便所から構成され、全て茅葺きであった。

一九七六年、白川村の荻町はその合掌造り民家を対象に伝統的建造物群保存地域に指定され、茅葺き屋根を維持するために国と県から補助金が交付されている。これより先の一九六八年、白

白川村荻町全景

川村の合掌造りの居住者によって「白川郷合掌家屋保存組合」が設立され、滅びゆく茅葺き屋根を維持するための協力体制を整えている。一九八一年現在会員数は一〇二名である。保存会の主な機能は補助金の予算申請のための葺き替えの順番の調整と葺き替えに要する費用の算定(補助金交付の目安となる)、葺き替え用の足場とビニールシート(雨のときに屋根全体を覆うもの)の共有である。

このように現在の白川村の合掌造りの屋根葺き替えには国や自治体から、材料費と労賃に補助金が出されている。その結果、茅の一部は付近の村々から購入されるように変わっているが、葺き替えの方法や相互扶助は依然として旧来の習慣が続けられ、金銭で清算されることはない。

茅葺き職人は存在せず、村人だけで葺かれ、茅場は個人所有で自力採集されるが、茅頼母子が盛んに行われていた。

白川村では主屋は切妻屋根を片平ずつ、その他の建物は丸葺きするのが習慣である。六〇～九〇センチメートルの厚さに葺かれ昔は八〇年持つ例もあったということであるが、いろりを使用しなくなった近年は四〇年から六〇年の周期で葺き替えられている。

このように白川村の茅葺屋根は厚く葺いてできるだけ長持ちさせようという考え方であり、おそらく日本で最も厚く葺かれその葺き替え周期は最も長い。

従ってその葺き替えに際しては、屋根を二分割にしているとはいえ大量の材料と労力が集約される必要があり、その相互扶助の規模は最も範囲の広いもののひとつとなっている。壮大な合掌造りの屋根を村人が総出で短時間のうちに葺き上げる姿は迫力充分で、見るものは感動させられずにはいられない。

その様子を白川村島集落、Y家を例にとって見てみよう。Y家は一九二三年の建築であり、建築面積は一三五平方メートルで白川村では中規模の大きさである。

白川村の中心地区荻町から二キロメートル北の台地に立地する島集落は、現在九戸から成る集落で、そのうち七戸が茅葺きである。この島集落は全体でひとつの生活共同体を構成し葬式や結婚式、家の新築・改築・屋根葺き替え、道づくり、冬季間の道の確保等を共同で行ってきた。このうち屋根の葺き替えは、島集落内の九戸だけでは困難なので、隣の戸ヶ野集落の二一戸と合同で屋根葺き替えの共同労働組織をつくり、順番に葺き替えてきた。

今日、両集落とも茅葺きでない家も増えつつあるが、葺き替えは依然として全戸の共同作業である。これはこれまでの慣習上の借りを返すというためでもあるが、茅葺きや家づくりの際の相互扶助が単なる個々の家どうしの労働交換ではなく、道づくり等の村仕事と同じように集落全体の共同作業であるという性格によるものである。

島集落の各家では集落のまわりの川原や斜面に茅場を持ち、毎年それぞれ茅を刈り集め、葺き替えに備えて貯えられる。例えばY家を例にとると、自宅から歩いて一〇分程のところに四〇アールと二〇アールの茅場を所有している。毎年秋の収穫も終わると休む間もなく、家族で茅刈りをするのが習慣となっている。家族四人で約一週間を要して約三〇〆の茅を刈る。一〆とは茅を束にしてその周囲を三・六メートルの縄で縛れる量である。この三〇〆のうち質の良い茅を一〇〆から一二〆選び、屋根用として、残りは牛の敷草に用いる。

この茅刈りは単に必要量を刈るだけではなく、茅場の手入れも兼ねており、茅場周囲の雑草や雑木もきれいに刈り払うので予想以上に手間のかかる仕事である。刈った茅は二、三日間茅場で乾燥させた後、家まで運ばれる。現在耕耘機で運ぶので一日で運んでしまうが、家族で担いで運んでいた当時は、家族四人で一週間を要したという。

運ばれた茅のうち屋根用のものは直ちに雪囲いとして家の周囲にかきつけられ、牛の敷草用の茅はニウと呼ばれる野積みにされる。これは地面に棒を立て芯棒とし、茅を根元を外に向けて円すい状に積み上げ保存する方法であり、大きなものは高さ三メートルに及ぶ。

翌春、雪が消えると雪囲いに使われた茅は取りはずされ、そのうち三〆は棟の葺き替えのために使われ、残りはニウにして葺き替えの時まで貯蔵される。又その年に、島、戸ヶ野両集落内で葺き替える家がある場合は、その家に貸す。この茅の貸借は茅頼母子と呼ばれ、各集落にいくつかの茅頼母子が開かれており、このY家の場合は島集落内の茅頼母子（一口五〆）と戸ヶ野集落にまたがる茅頼母子（一口三〆）に加入していた。

屋根裏を養蚕のために使うこの合掌造りでは、茅を貯蔵するにはニウとして野積みにする以外になく、長期間貯蔵するには定期的に積み替えをするといった手間がかかるので、茅頼母子は盛んに行われた。いくつかの茅頼母子に加入すれば、葺き替えに必要な量は自然と貯えられるからである。

一九八一年四月下旬、まだ山は残雪で真白である。Y家では主屋の東側半分の葺き替えを明日に控え、家の中のかたづけに追われていた。家の主は、好天に恵まれることを祈りながらテレビの天気予報を盛んに気にしていた。島、戸ヶ野の全戸と、荻町を中心とするその他の集落のうち、今まで自分が葺き替えを手伝いに行った家々を一戸一戸巡り、手伝いの依頼をすでに済ませていた。こうなれば、少々の雨でも決行せざるを得ないのである。

葺き替えは二日間で仕上げるのが通例である。初日は古茅めくりと足場づくりと下地や茅の下ごしらえと下地の修理。二日目は茅を葺き上げる。このような二日制はビニールシートが普及してからのことで、以前はどんな大きな家でも一日で葺き替えてしまうのが習慣であった。

前年、四〇年前に葺いた東側半分の葺き替えを決意した家の主人は、合掌組合長の了承を得たうえで、葺き替えの準備にとりかかった。茅以外に茅を固定するネソと呼ばれるまんさくの若木と棟仕舞の笄《こうがい》と棟棹《むねざお》に使う栗の木を自有の山林から切り出す必要があった。ネソは約七二〇本を切り出し、それに四人・日かかった。栗の木は目通り直径三〇センチのものを三本切り倒し製材した。これに三人・日要した。縄は全て購入し、茅の下地に使うよしずは養蚕に使ったものを再使用し、一部購入した。たるきの傷みのひどいものを一部交換するために集落内の合掌造りを解体した際に譲り受け確保しておいた。

茅はおおがや（すすき）五〇〆とこがや（かりやす）八〇〆の二種類を用意した。島ではこがやで葺くのが一般的であったが、一部を補助金で購入するようになると、購入先の荘川村ではすすきが多いのでそれも使うようになったということである。こがやのうち三〇〆はニウにして貯えていたもので、三〇〆は茅頼母子で集め、残りのこがや二〇〆とおおがや五〇〆は購入した。

葺き替え当日、幸いにも好天に恵まれ、早朝六時から古茅おろしが始まった。この日手伝いに集まったのは男四〇人、炊事を行う女八人であった。内訳は島、戸ヶ野の全戸から男一人ずつと白川村内の親類からの手伝いである。一方女性は島集落内と白川村内の親類からの手伝いである。

古茅と下地のよしずは一時間ほどですっかりはがれ、引き続いて真黒に汚れた骨組みのススが払われ、下では古茅をまとめ、田畑に運んでいた。掃除が終わると足場づくりが始まり、一方で縄やネソを翌日使い易い状態に下ごしらえする作業が平行して進められる。一〇時の休みをはさんで昼食までにはこの作業も終了した。

午後は下地の修理と軒付け茅の下ごしらえが平行して進められる。やなかは縄を新しく結び直すだけであるが、くだりは長年の使用でずりおちているので全てはずされ、傷みのひどいものは交換され、ネソで結び直される。又笄は全て新しいものと交換される。以上準備万端整えビニールシートですっぽり屋根を覆い翌日の茅葺きを待つのである。

古茅をおろす

下地の修理、交換

茅を葺き上げる

完成

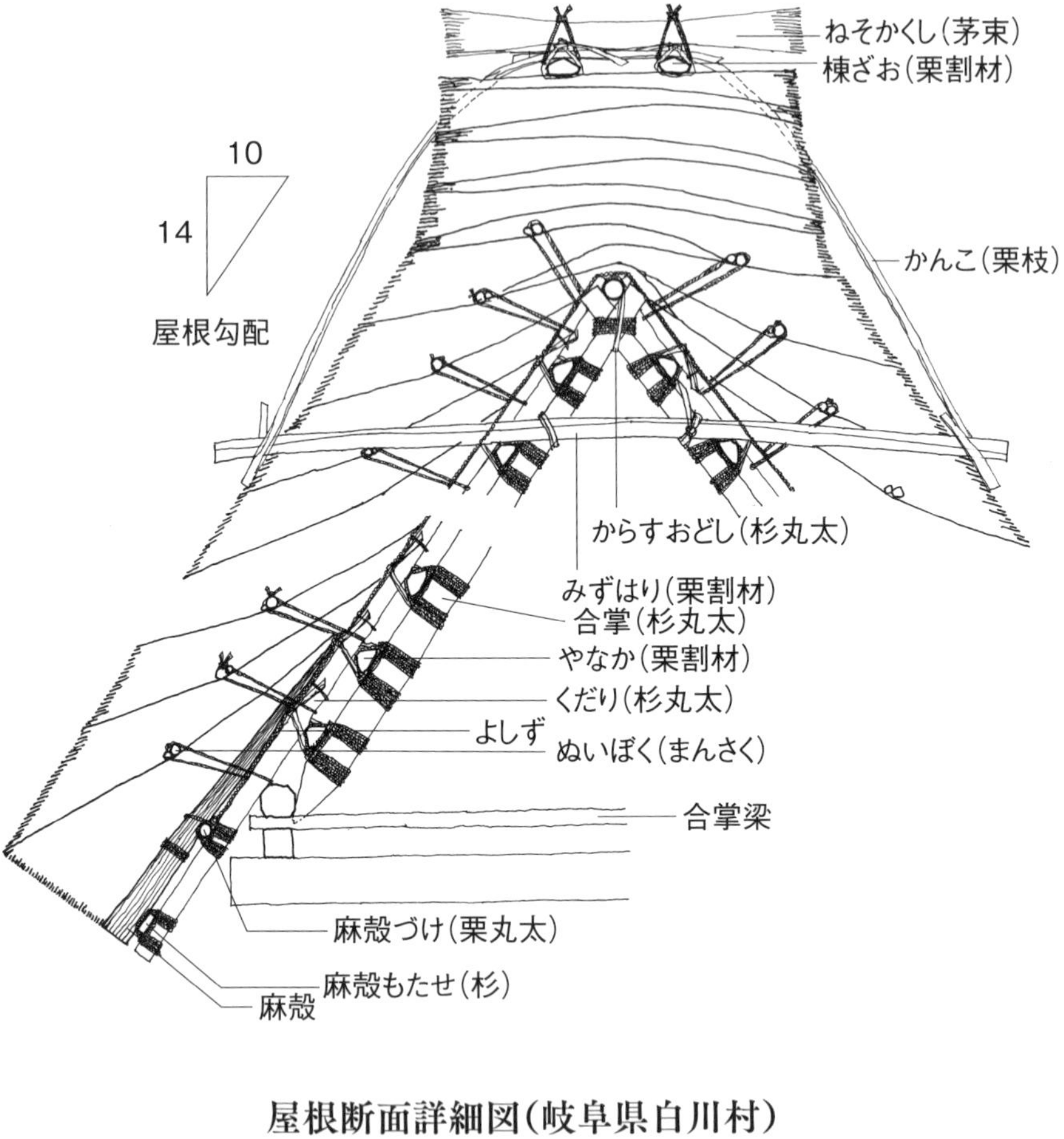
ねそかくし(茅束)
棟ざお(栗割材)
10
14
屋根勾配
かんこ(栗枝)
からすおどし(杉丸太)
みずはり(栗割材)
合掌(杉丸太)
やなか(栗割材)
くだり(杉丸太)
よしず
ぬいぼく(まんさく)
合掌梁
麻殻づけ(栗丸太)
麻殻もたせ(杉)
麻殻

屋根断面詳細図(岐阜県白川村)

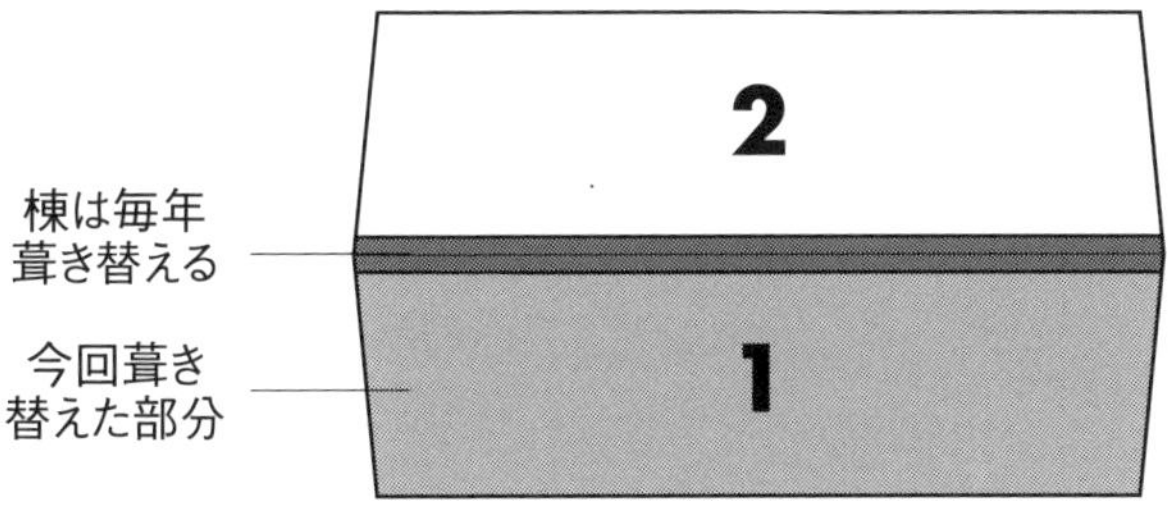
棟は毎年
葺き替える
今回葺き
替えた部分
2
1

Y家屋根伏図

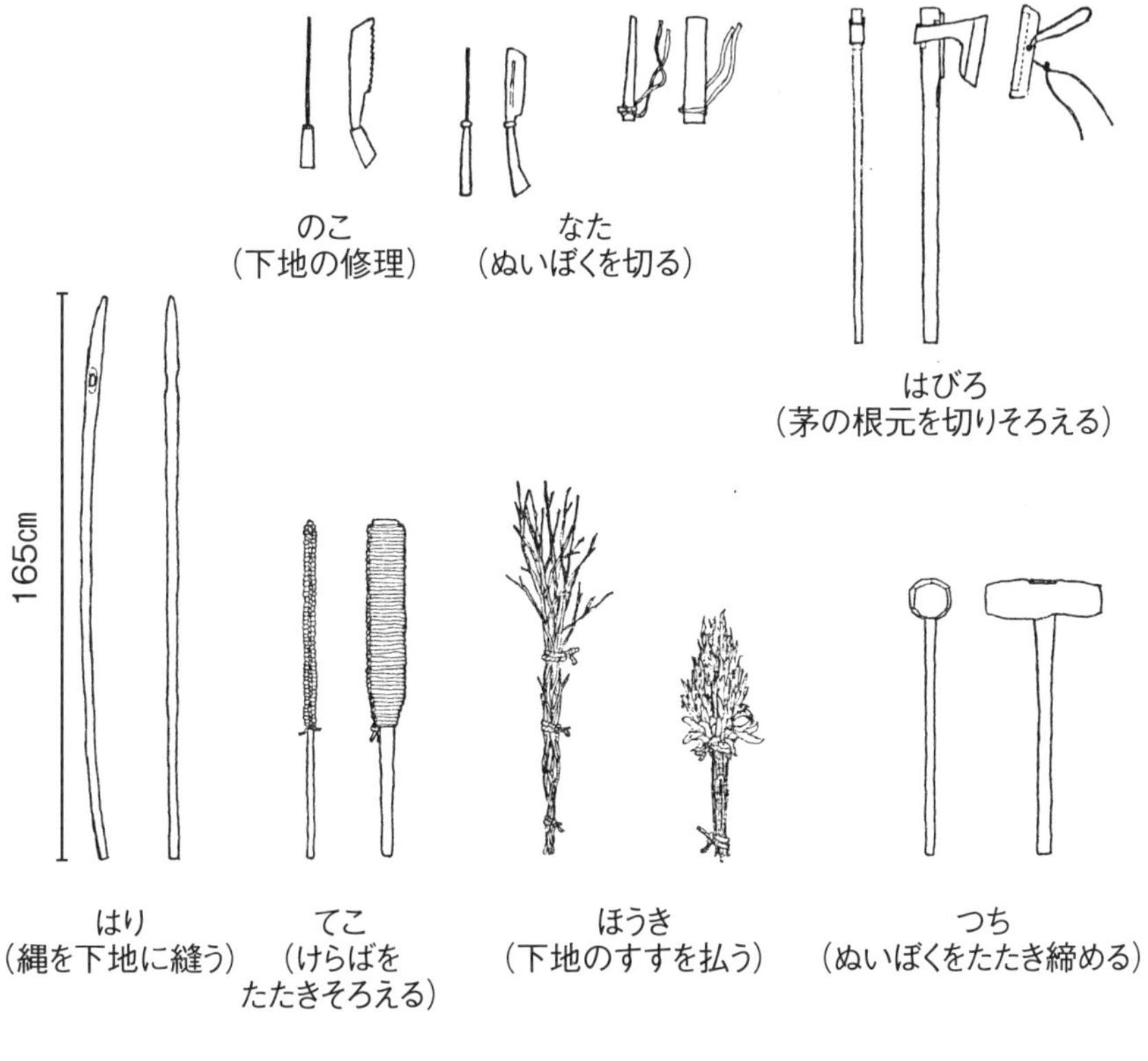
のこ
（下地の修理）
なた
（ぬいぼくを切る）
はびろ
（茅の根元を切りそろえる）
165cm
はり
（縄を下地に縫う）
てこ
（けらばを
たたきそろえる）
ほうき
（下地のすすを払う）
つち
（ぬいぼくをたたき締める）

白川村の茅葺き道具

使用材料一覧

材種	用途	単位	量
こがや（かりやす）	葺材	1〆周囲2間	80〆
おおがや（すすき）	葺材	同上	50〆
ネソ（太）（万作）	押鉾	1束20本	12束
ネソ（細）（万作）	緊結材	1束30本	16束
手ない縄	茅の固定	1把12ヒロ	120把
機械縄	下地の固定	1玉10kg	10玉
栗	みずはりかんこがけ	1本2.5間	10本
（元口30cm 3本）	むねおさえ	1本3間	8本
杉丸太	たるき	元口10cm	6本
葭簀	茅下地	巾7尺・長3間	7枚
		巾6尺・長2間	14枚

翌日いよいよ茅葺きである。手伝いに集まったのは男九三人（男手のないところからの代理としての女性六人を含む）と炊事係の女三二人であった。内訳は男は島、戸ヶ野の全戸から各一、二人ずつ計三三人。それ以外の集落からの労働交換による手伝い四九人、他集落の親類からの手伝い一二人であった。又、炊事係の女性は、島と戸ヶ野のほぼ全戸から一人ずつと他集落の親類である。

このように葺き替えの共同労働を行う島、戸ヶ野からは両日共に全戸から手伝いが出される。その他の集落からの手伝いは、より多くの人手を必要とする二日目だけであり、これは任意の労働交換によるもので、関係を結ぶ範囲は家の大きさに応じて広いものとなる。又炊事を行う女性の手伝いは、島、戸ヶ野両集落内と親類に限られている。

ところで全工程を一日で済ませていたころは、どのように進められていたのであろうか。早朝まだ薄暗い四時ごろには、島・戸ヶ野の両集落の人の手により古茅おろしが始まり、足場づくりや下地の修理が始まるころに他集落の人々がそれに加わり、一気に葺き上げるという方法がとられており、両集落の人々の役割が大きいことに変わりはないのである。

このような手伝いの他に島、戸ヶ野両集落内の全戸から酒一升ずつ持参され、又その他の集落の手伝いに来れない家からも酒が御祝儀として届けられている。以上の手伝い、酒の贈答は全て記録され、その家が葺き替える際に返済される。

朝から始まった茅葺きは午後三時ごろには棟仕舞も終え、足場解体と掃除が済むと、庭先に祝宴の席が設けられ、Y家の主人のあいさつを皮切りに、飲み食い歌い踊りは深夜まで続くのである。

富山県平村《たいら》

岐阜県白川村と共に合掌集落の里として知られる平村は富山県の西南端に位置し庄川沿いの狭小な段丘面や急峻な山腹に集落が点在する山村である。標高三〇〇～五〇〇メートルの山地にあり、冷涼で多雪地域である。面積の九三パーセントが山林であり耕地は一・二パーセントに過ぎない。この地域に稲が一般的に栽培されるようになったのは明治中期以降であり、品種改良により自給できるようになったのは近年のことである。そのため一九四五年代迄は焼畑が行われソ

平村相倉全景、細分割して葺き替えられる合掌屋根

バ・稗・粟・大豆等が栽培されていた。又、農業以外に養蚕・煙硝・和紙等の副業が盛んで、そのうち養蚕は最盛期の一九三五〜一九四〇年にはほとんどの家で行われていた。和紙製造は正倉院文書の宝亀五年（一七七四年）に早くも記録されている伝統産業であり、一月から四月迄の冬仕事として発展した。最盛期の一九三〇年には和紙生産をしていた農家は全戸数の四分の一に達していた。煙硝は藩政時代には火薬の原料として、加賀藩の秘蔵品として製造されていたが明治中期以降は全く廃れてしまった。

養蚕・製紙は戦後衰退の一途を辿り、現在は現金収入源として出稼ぎが盛んに行われるようになった。

このように山地で耕地が乏しい故に副業が発達し、貨幣経済への依存度は早くから低くなかった。

相倉は平村の中央に位置し一九八一年現在戸数二七戸、人口八一人の集落であり、平村では中規模の大きさである。一八七二年五〇戸が一九六五年には三一戸に減少し現在二七戸である。

一九七〇年集落全体が「越中五箇山相倉集落」として国の史跡に指定され保存されている。茅葺屋根は一九八一年現在二三戸であり、そのうち二戸が寺、六戸が村有の資料館等（離村した家の住居を村が買い上げたもの）、住宅は一五戸である。各家は主屋の他に土蔵、便所等から構成される。これらも全て以前は茅葺きであったが、現在は瓦又はカラー鉄板葺きに変わり、茅葺きは主屋だけに限られる。

葺き替えの仕事は史跡指定以前と同様に相倉集落内の人を中心に行われている。但し以前はそれが全て集落内の労働交換で行われていたが、指定後は、葺き替えには補助金が交付されるので、その年の暮にお互いの手伝いの過不足をお金で清算するように変化している。

茅の収集は史跡指定以前と同様の方法で行われているが、茅場への道路が整備されたので比較的楽に運搬できるようになっている。茅場は私有で共有の茅場は寺院のもの以外はない、そこでの採集・運搬は各家で自力で行うのが原則である。

茅場は集落から二〜三キロメートル離れた急峻な山林の中腹（標高六〇〇〜七〇〇メートル）に雑木林を切り開いて作られており、各戸が区分して三〇〜五〇アールを所有している。

各家では秋の土用（一〇月二〇日前後）が来ると一斉に茅刈りが始まる。その年葺く家も葺かない家も茅葺屋根の家では必ず刈る。その年葺かない場合は、葺く家に貸すか又はニウ（野積み）にして翌年まで保存する。茅の貸借は全く個人的に行われ、その期間も長くて二〜三年であり、頼母子講のような組織的なものは存在していない。

地域毎に実に様々な仕組みが見られる茅葺屋根の維持方法のなかでも、この平村のものは最も特異なもののひとつであり、屋根を細く分割して葺く方法と、その葺き替え周期の短さでは他に類のないものである。同じ合掌造りでありながら隣の白川村が最も長い周期であるのと対照的で極めて興味深い。

その維持方法は以下のようなものである。

合掌造りの片側を三分の一（小さな家の場合は二分の一）に縦に分割して葺き替えて維持している。全体として見れば六等分されることになる。分割された各部分は方位によって傷み方が異なり、それに応じた周期で葺き替えられ、それは短いもので四年、長いもので一〇年程度であるから各家で少なくとも二年に一度は主屋の屋根のどこかを葺き替えていることになり、便所や土蔵などが茅葺きであった当時は葺き替えはどの家でも毎年行われる秋の年中行事のひとつであった。

それにしても、いくら簡便に葺いてあるとはいえ茅葺きを一〇年以下の周期で葺き替えるのは他に例がなく、一見労力と材料の浪費にさえ見える。このように屋根を細分割し、短い周期で毎年少しずつ葺き替えるのはその古茅を肥料として利用するためである。煙ですすけ、適当に朽ちた古茅は肥料としてうってつけなのである。ちょうど茅をいったん家畜の敷草として使い後に堆肥として畑に施すように、その年に刈れる量で屋根を葺き、その分肥料（古茅）が生産されるというわけである。もちろんそれに伴う必要以上の葺き替えの労働はつらいものであるが、毎年、村をあげてのいわば屋根葺き月間として習慣化されるという利点も大きいのである。

屋根葺き材として用を終えた古茅は、厳しい冬を凌ぐために雪囲いとして家の周りを囲い、床のむしろの下に厚く敷きつめられた後、春になると桑畑に施される。合掌造りは屋根裏で養蚕を行うために工夫された構造であるが、その巨大な屋根は蚕のシェルターであるとともにその餌である桑の肥料の生産工場であった。

葺き替えは茅刈りが済むとすぐ始められ、一日一軒のペースで進められる。一〇月下旬に始められたとしても、全部の家の葺き替えが済むのは一一月下旬になり、天候に恵まれず一二月に入っても終わらない年も稀ではなく、そのような年は雪の降る中のつらい仕事となった。

茅葺き職人は存在せず葺き替えは集落内のユイと呼ばれる労働交換で行われる。その労働交換は任意なもので、定まった組織はない。各家の大きさに応じて集落内の付き合いのある家に葺き替えの前日に手伝いを依頼する。集落外から血縁関係の手伝いが来ることも稀にあったが、近年は離村している家族が手伝いに戻ってくる場合がある。少なくとも二年に一度は葺くことになるから葺き替えは特別な事ではない。従って葺き替えをするかしないかは当主の判断で決められ、その年の茅刈りの時期にそれとなく村人に予告される。

職人がいないといっても、葺き替えの中心となる人は決まっている（相倉に一人）。この人は切妻屋根のけらば（ハフと呼ぶ）を葺く人で、この部分は他の部分とは葺き方が異なり特別の技術を要するのである。各家で茅刈りが終わるころ、このハフを葺く人がその年に葺く順番を決める。ハフを葺く人は葺き替えを予定している家の都合と家の大きさを考慮して、その年の葺き替えの順番を決め、各家に告げる。日を追う毎に昼の時間が短くなるので大きな家を早めに葺くの

茅場遠景、はげている部分が茅場

茅刈り、茅を小脇にかかえ鎌で刈る

斜面は束にして転がり落とす

山道を担いで運ぶ

茅を押さえるぬいぼく(まんさくの若木)の採集

細分割して葺くので少人数でのんびり行われる

再使用できる古茅を選別するのは女の仕事

屋根裏で針を受けるのも女の仕事

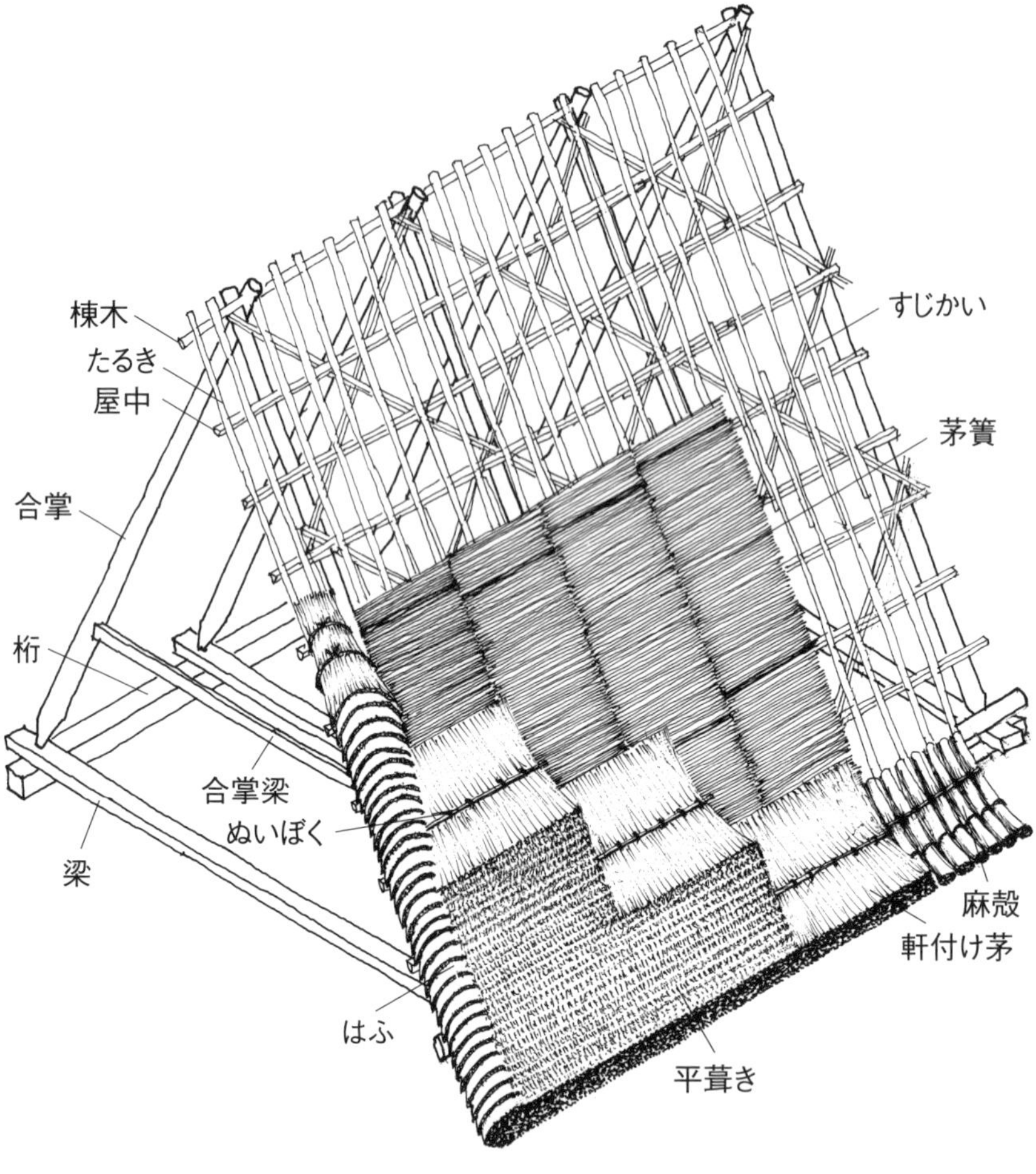
棟木
たるき
屋中
合掌
桁
合掌梁
ぬいぼく
梁
はふ
すじかい
茅簀
麻殻
軒付け茅
平葺き

合掌造り屋根構成図（富山県平村）

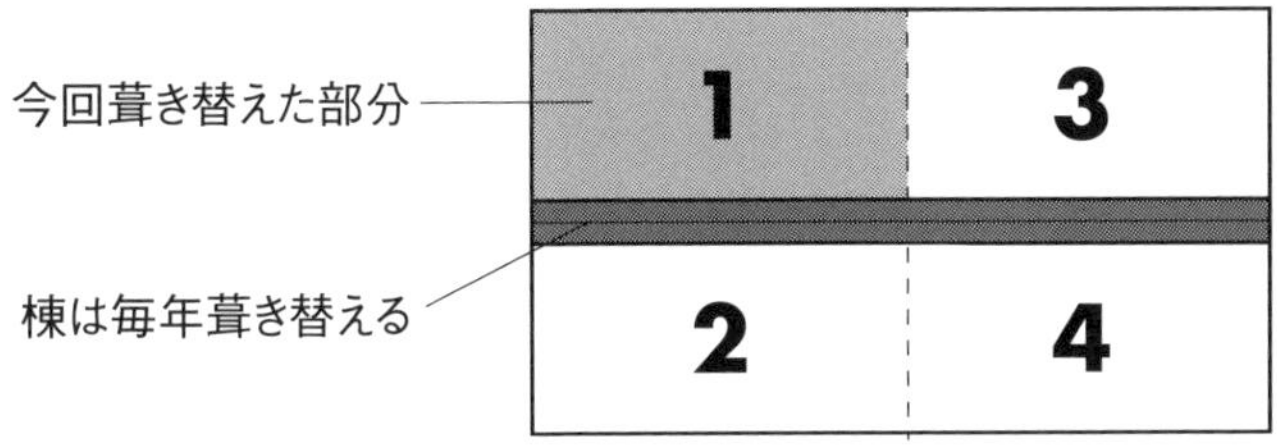
今回葺き替えた部分
棟は毎年葺き替える
1
3
2
4

N家屋根伏図

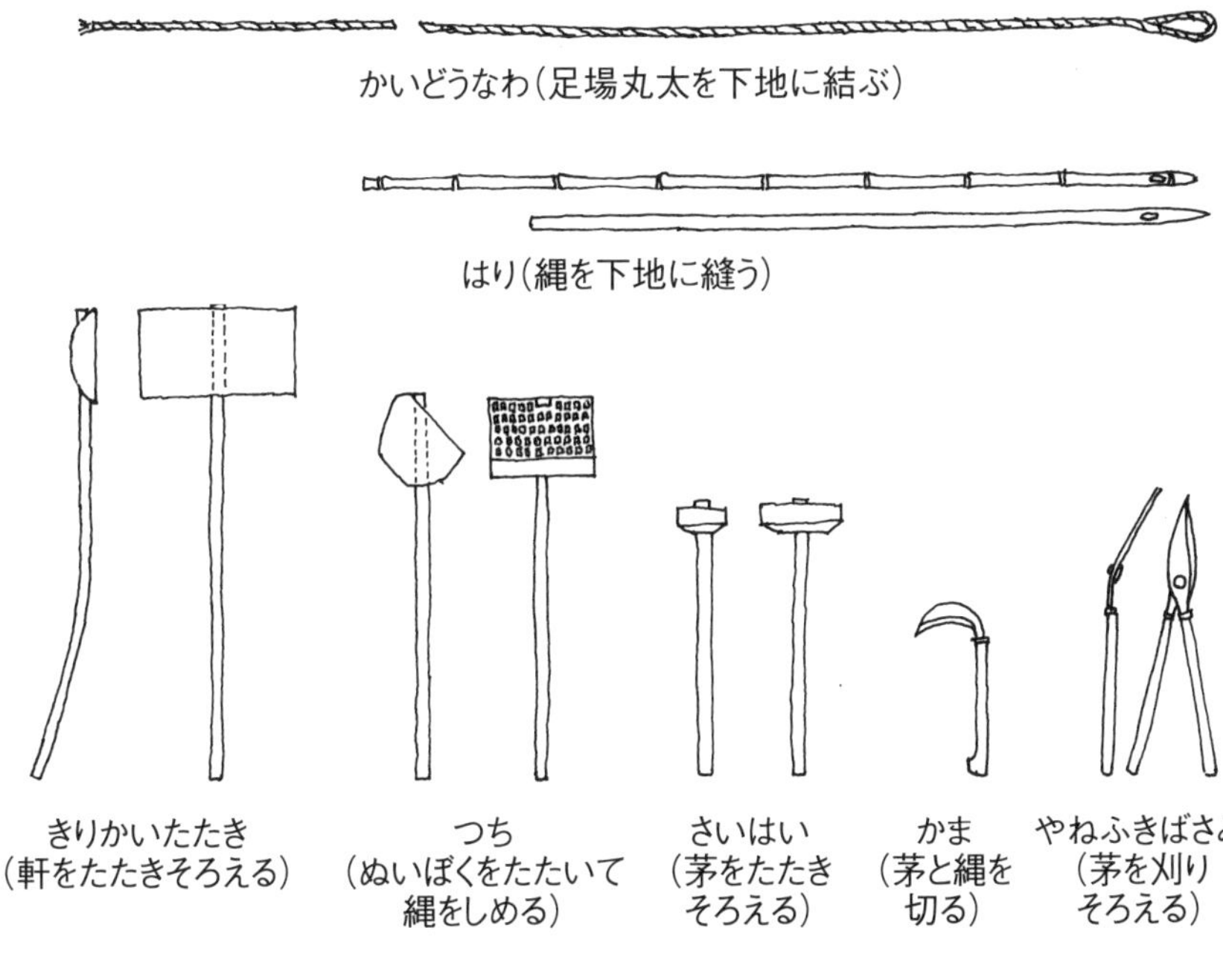
かいどうなわ（足場丸太を下地に結ぶ）
はり（縄を下地に縫う）
きりかいたたき
（軒をたたきそろえる）
つち
（ぬいぼくをたたいて
縄をしめる）
さいはい
（茅をたたき
そろえる）
かま
（茅と縄を
切る）
やねふきばさみ
（茅を刈り
そろえる）

平村の茅葺き道具

が一般的である。又、ハフを葺く人の家がその年葺き替える場合は一番最初に葺く。かつては集落の男全員が茅葺屋根を葺くことができたが、現在は屋根を葺ける人は六人に減っている。この全員は殆どの家から手伝いを頼まれる。その他の手伝いはその家の付き合いの範囲で依頼する。このハフを葺く人、一般の屋根を葺く人と手伝いは一人に対して一人の労働交換であったが、史跡に指定されて補助金が出るようになって以降、毎年暮にその年の労働の貸借の差を賃金によって精算している。この場合屋根を葺く人とその他の手伝いの人とでは賃金に差が生まれている。

このような平村相倉集落の葺き替えの仕組みを、N家を例にとってみよう。

N家は建築面積一二五平方メートルの、平村では中程度の規模である。一九八〇年一〇月中旬、例年になく長びく秋雨に相倉の人々はいらだっていた。一〇月中に茅を刈ってしまわないと雪の降り出す前に予定している家々の葺き替えを終わらせることができないからである。

N家は高坪の茅場（距離二キロメートル、徒歩三〇分）に三〇アール所有し毎年ここで三五〇束（一束周囲七〇〜七五センチ）の茅を刈る。茅刈りは一〇月二〇日頃に行われ、夫婦二人で三日かかる。刈った茅はひと抱えずつ根元を山頂に向けて扇状に広げて乾燥させる。その期間は天気さえ良ければ三日で充分である。乾燥した茅は茅場の数カ所にニウにして積み上げて頂部に茅を薄く敷き並べ雨に濡れないようにする。次に天気の良い日を選んで運搬される。まず茅場の下を通る道まで茅を七〜八束ずつ束にして転がり落とす。そこで又ニウに積み上げる。そこから家までは担いで運ぶが、一度には運べないので途中に中出しという中継点を設け、そこまで運搬し、そこで又ニウにして別の日に家まで運ぶ。以上の運搬には二人で六〜七日を要する。家に運ばれた茅は、又ニウにして野積する。

史跡指定後は道も整備され、この茅をトラックで一日のうちに運び出すことが可能となった。遅れていた茅刈りも無事終わり、一一月はじめにN家の主屋の四分の一が葺き替えられた。この部分は六年前に葺かれたもので、少々屋根面に凹凸が目出ち、軒先が不揃いになっているとはいえ、放っておいてもあと数年は全く問題ないように見え、何故葺き替える必要があるのか理解に苦しむようなものであったが、N家の主によれば、この程度で葺き直すのがここの習慣であるとのことであった。

実際に屋根を葺いたのは集落内の四人であり、その下働きは集落内七人、集落外から血縁三人、他人一人であった。集落外からの血縁は息子二人（富山県福野町在住）と娘婿一人（富山県福光町在住）であった。又、集落外他人一人は仕事仲間（山林組合）である。集落内の手伝い一一人のうち茅葺屋根の人は六人であった。この家はいずれも今年は葺き替えを行わない（五戸）か、又は葺き替えたがN家からは手伝いに行っていない（一戸）ので、全て賃金を払って精算した。集落外からの血縁者以外の手伝い（一人）にも賃金を支払った。

この年相倉ではこのN家の他に七軒の家の主屋が葺き替えられた。

茨城県八郷《やさと》町

八郷町は関東平野の東北部、筑波山の東麓に位置する農村である。おだやかな気候に加えて、耕地に恵まれ、稲、小麦、野菜の他に栗、柿、梨等の果樹を栽培する大都市近郊農業を営む。又たばこ栽培や養豚を営む家も多く、特に豚の出荷量は日本有数である。このように農業経営は豊かで、現金収入も多い。

更に筑波山麓に山林を所有し、家をつくる木材、薪炭も自給することができた。従ってこの地域の農家は大きく、立派で、その構造や間取りには、日本の民家の中でも最も発達し、洗練されたものを見ることができる。

農家は五〇〇坪前後の敷地に主屋の他、長屋門・隠居屋・納屋・倉・畜舎・堆肥小屋・たばこ乾燥小屋等の多くの建物が配され、周囲をけやきや竹の屋敷林で囲われている。

このように豊かなところであるから、茅葺屋根は早くから職人によって葺かれ、数多い茅葺きのなかでも最も洗練された姿を見せてくれる。

屋根を葺く材料としてはすすきの他に小麦わらが多用されている。すすきは集落から離れた筑波山麓の山林で採集し、手間がかかるのに対して、小麦わらは各家で毎年生産されるからである。従って一般農家では小麦わらで葺く場合が多く、すすきで葺くのは上層農家が多かった。又一般農家ですすきで葺く場合も主屋の表側だけをすすきで葺き、裏側や付属の建物は小麦わらで葺か

八郷町の住居の構成

れた。しかし現在は小麦わらで葺かれることはほとんどない。小麦を栽培する農家が減ったことに加え、すすきを飼料としていた牛馬を飼わなくなったのですすきを屋根用に使えるようになったこと、更に茅葺屋根そのものの減少により、すすきは集落に比較的近い原野や休耕田で手軽に採集できるようになったためである。

すすきで葺く場合は表裏に二分割して葺き替えるのが普通である。又葺いてから二〇年目位に一度差茅を行い、その後は一〇年毎に差茅をすれば葺き替えなくても維持できるが、一般的には三〇年目位で葺き替えとなる。棟は表側を葺く時に同時に葺き替えられる。葺き替えは天候が安定し、農閑期である一二月〜三月に行われる。葺き替えは職人が主体となって行われ、相互扶助による手伝いはその下働きを務める。茅は各家自力で採集される。茅場はかつては集落毎に筑波山麓の山林に共有していたが、茅葺きが少なくなった現在は全くない。現在は自動車を利用して付近の原野や休耕田等で刈り集められる。又、近年そのような茅を専門に刈り集め売ることで収入を得ている農家もあり、そこから購入する家も少なくない。小麦わらで葺いた場合は一〇～一五年で葺き替えられることになる。しかし手間は茅の半分で済み、その古茅は肥料として貴重なものであった。この八郷では屋根を葺けば、田ができると言われており、せっせと屋根を葺き替えては肥料を作り出していた。茅の場合は、採集に手間がかかるため出来るだけ屋根材として再利用されている。

次に示すのは一九七七年迄存在していた北郷集落の共有茅場とその共同採集の方法である。この茅場は笛田（北郷の一部の地域の旧称）の茅場と呼ばれ、一二戸で共有されていた。その内訳は北郷集落一一戸、隣の辻集落一戸であり、多くの班にまたがっていた。この茅場の権利は全部で一四口であり、それを一二戸が所有していた（二口持つ家が二戸あった）。その口数に応じて権利と義務があった。茅場は北郷集落から一キロ程離れた山腹に雑木林を切り開いて作られ、広さは最も広い時で三ヘクタールであった。茅を得る順番は次のようにして決定された。

一、茅を刈取り終わった一二月下旬茅場焼が行われる

これは一口から一人出る。この日の夕方世話人の家で夕食を取りながら翌年の受領者を決める話し合いが行われる。希望者が申告し、それが複数の場合は抽選となる。又この時に翌年の世話人二人が決められる

二、七月下旬、茅場の夏刈りが行われる。これは茅場の雑草を刈る作業であり、一口から一人出る

三、茅場焼・夏刈り共に欠席する場合は出不足として金を取られた（一日の日当分に相当する額）

四、一一月、茅刈りが行われる。一口につき一人ずつ出る。茅刈りの日、受領する家は茅を束ねる縄とお茶を用意し、その他の家は弁当と鎌を持って茅場にのぼる。茅刈りは朝七時に始められ、必要量（七〇〜一〇〇駄）を一日で刈り上げる

五、運搬は受領する家の仕事であり、翌日から始められる。山道なので全て肩に担いで運ばれた。一度に一人、二分の一駄を担ぎ、一日八往復する。これに延二〇人程かかる

六、これらの日程を決め、各家へ通知するのは全て世話人の仕事である

この茅場も年々茅葺きの家が少なくなるにつれて減少している。茅場には植林が進められ、一九七五年頃にはその広さは〇・一ヘクタール程度となった。現在は茅を希望する家も無く、それも放置されたままである。

筑波山麓一帯は茅葺き職人の多いことで知られている。ここでは茅葺き職人は茅手《かやて》と呼ばれ、筑波茅手は一大茅葺き集団を形成して筑波山周辺の村々を葺き廻っていた。それに加えこの茨城県南一帯には福島県の会津地方から、多くの茅葺き職人が、冬の間出稼ぎに来るところでもあった。

それはまず第一にこのような数多くの職人を支える豊かな農業生産基盤がこの地域にあったためである。加えてすすきより数段耐久性に劣る小麦わらで葺く家も多く、その結果葺き替える頻

度が高く、どの家でも主屋や付属建物のどこかは、毎年葺き替え又は差茅を行っていたのであり、職人の仕事の機会が多かったためである。

八郷町は地元の茅手が多く、茨城県南に比べると会津茅手の出入りは少なかったようである。例えば一九五〇年ころ、八郷町には約八〇人の茅手がいた。職人は親方を中心に四人から一〇人で組をつくり、そのテリトリーをある程度定めて仕事をしていた。この組はその親方の名前をとって何々組と呼ばれていた。ひとつの組が仕事をする範囲は五〇から七〇戸である。一戸あたり数日を要するので、年間三〇〇日前後は仕事があったという。これらの職人は田畑も自給する程度は持っているが、ほぼ茅葺き職専業といって差しつかえないほどである。

この茅手の毎年の生活は次のようなものであった。

一月から四月　すすきで葺く家の葺き替え、又は差茅

五月　田植え

六月から九月　小麦わらで葺く家の葺き替え

一〇月　稲刈り

一一月から一二月　すすきで葺く家の葺き替え又は差茅

このような八郷の茅手も近年の茅葺屋根の減少で、今も現役で仕事をしている人は八人に減り、二、三組に統合して、茅葺きの仕事を続けている。今は小麦わらで葺くことはないので仕事は一二月から三月までに限られ、それ以外の時期は工務店等で働く人が多い。

次に職人が主体となって葺くようすを八郷町北郷I家の一九八一年二月の葺き替えを例にとっ

軒付け、竹を使用して何重にも締めつける

軒付けの仕上刈り

竹簀巻の高級仕事、キリトビ最後の仕上

棟をひしぎ竹（竹をたたきつぶしてひろげたもの）で巻いているところ、
表側を葺き替える時に棟も葺き替える

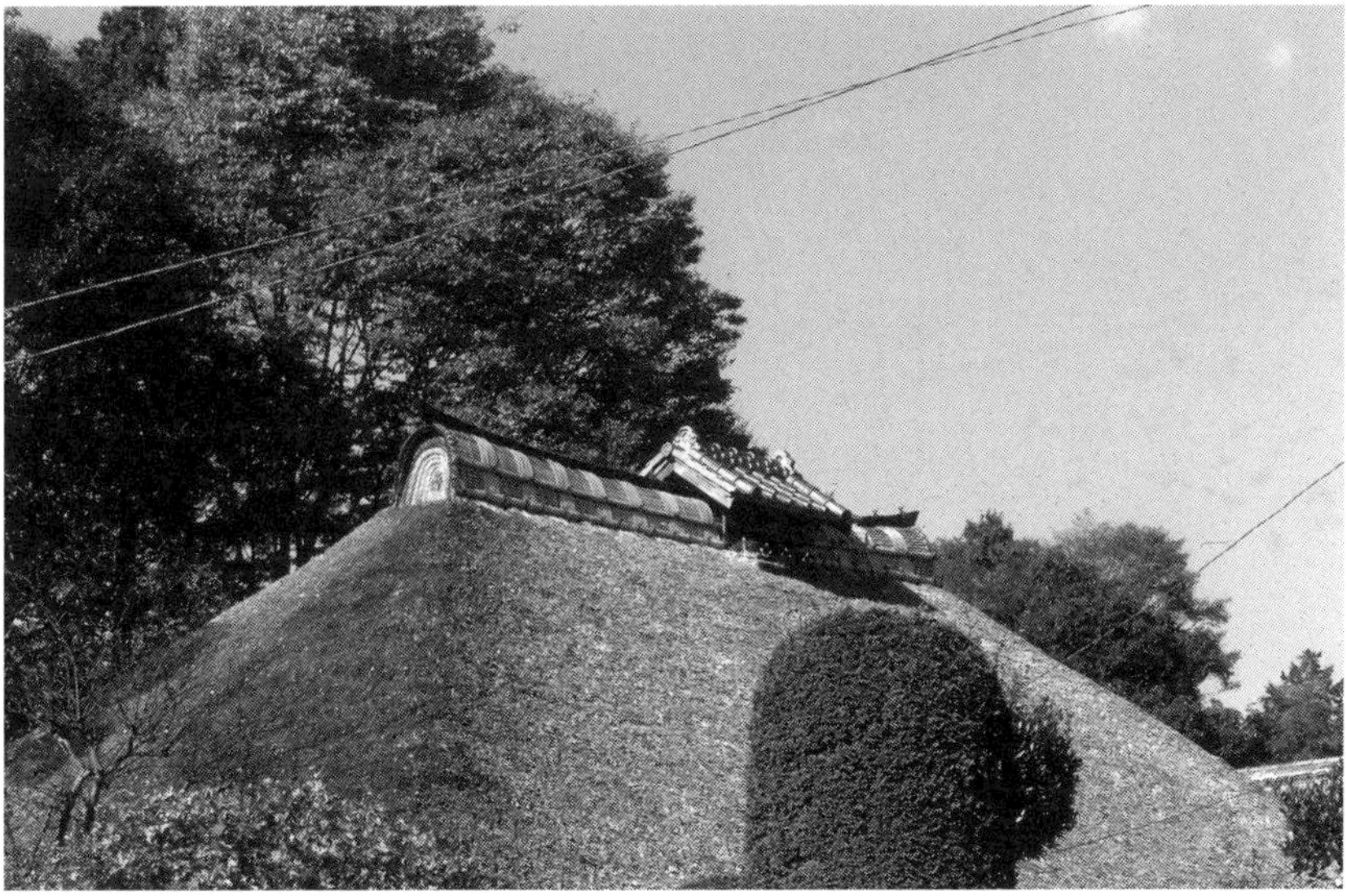

完成

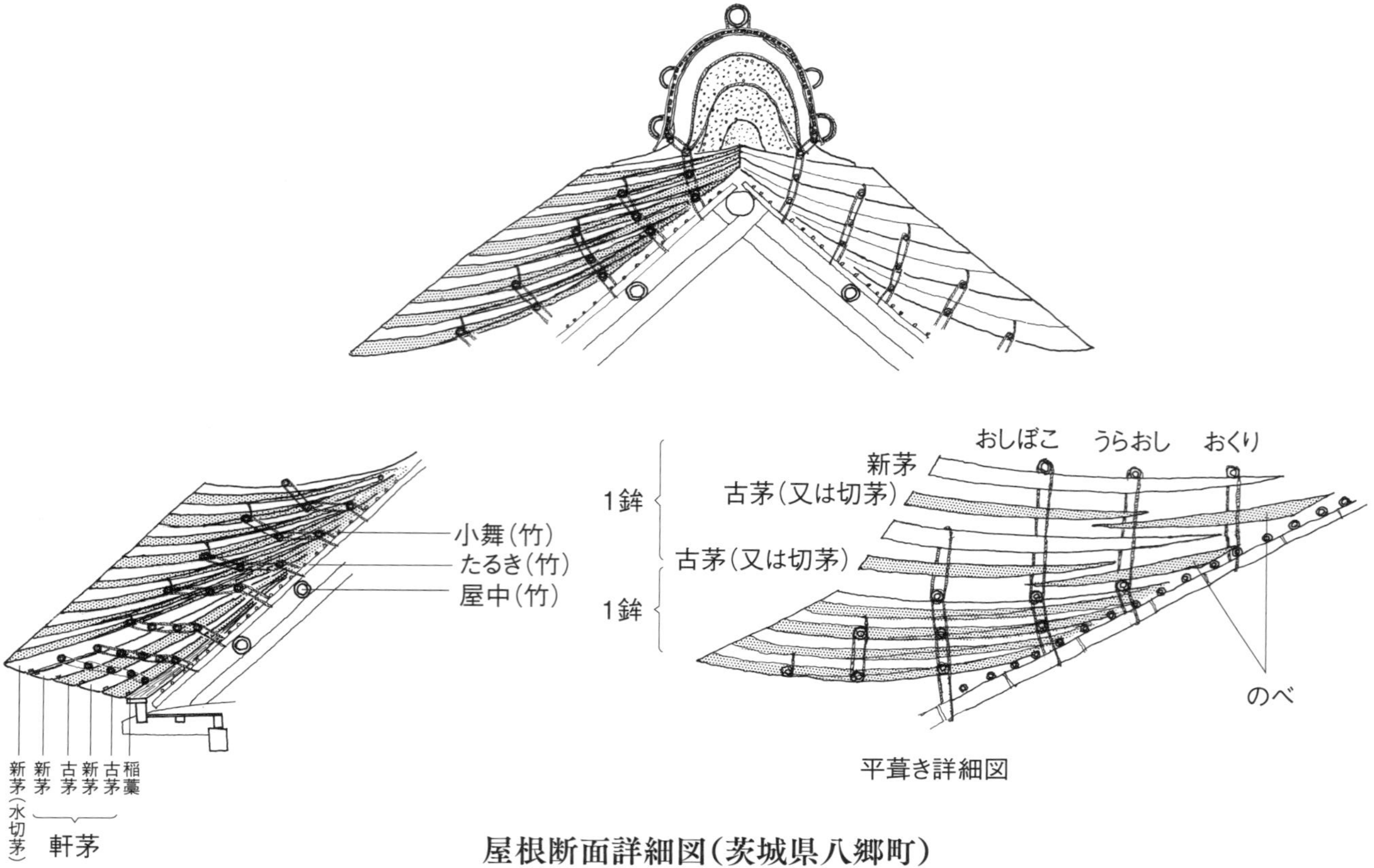
小舞（竹）
たるき（竹）
屋中（竹）
新茅（水切茅）
新茅
古茅
新茅
古茅
稲藁
軒茅
1鉾
1鉾
おしぼこ
うらおし
おくり
新茅
古茅（又は切茅）
古茅（又は切茅）
のべ
平葺き詳細図

屋根断面詳細図（茨城県八郷町）

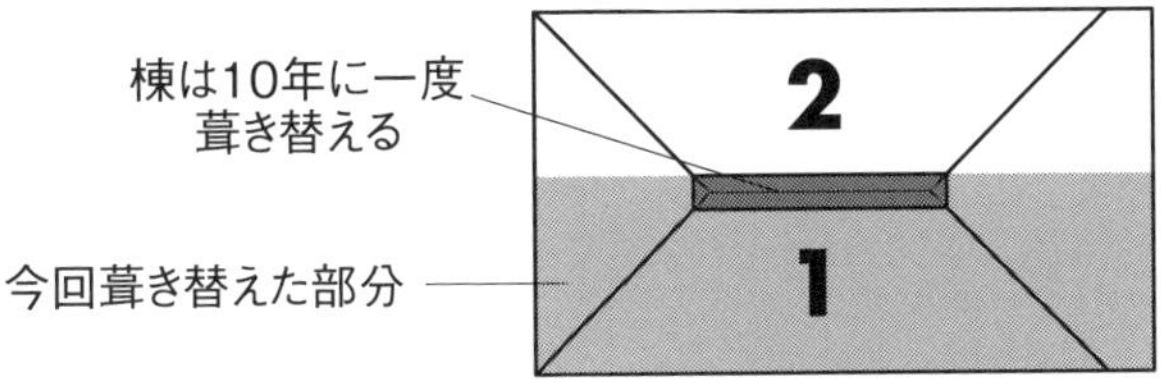
棟は10年に一度
葺き替える
今回葺き替えた部分
2
1

I家屋根伏図

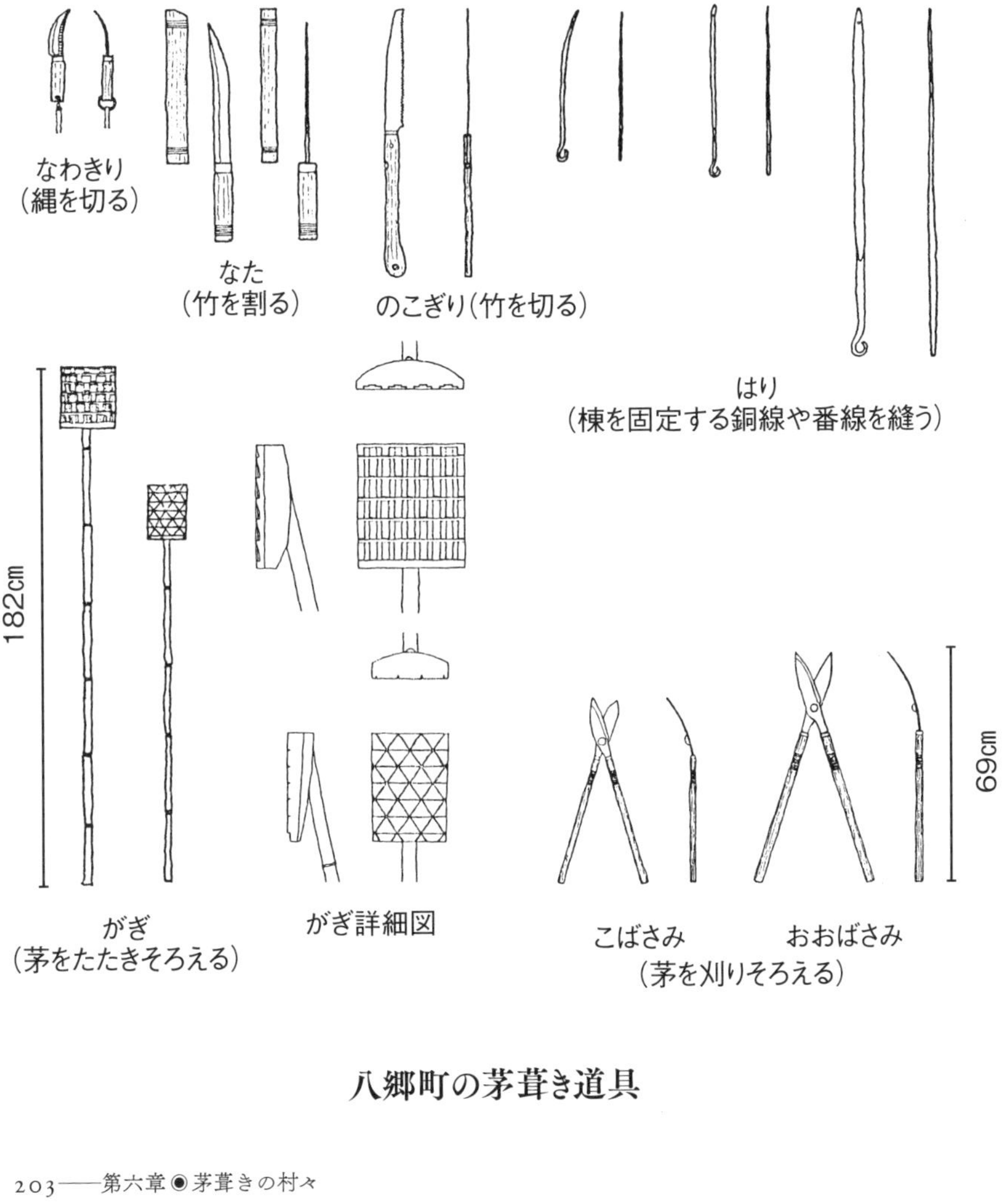
なわきり
（縄を切る）
なた
（竹を割る）
のこぎり（竹を切る）
はり
（棟を固定する銅線や番線を縫う）
182cm
がぎ
（茅をたたきそろえる）
がぎ詳細図
69cm
こばさみ
おおばさみ
（茅を刈りそろえる）

八郷町の茅葺き道具

て見てみよう。I家の主屋は一九二二年の建築で、建築面積一〇〇平方メートルで、同村では小さい方である。納屋と倉は瓦葺きに変わっている。このI家も例にもれずこれまでずっと小麦わら葺きで、今度はじめてすすきで葺いた。裏側半分は一九七七年に既にすすきで葺き替えられ今度は表側の番である。

茅は一月上旬に自宅から約二〇キロ程度離れた新治村の荒地で採集した。茅刈りは夫婦の他に手伝い三人を雇い、草刈り機を使って行い、四トントラックで運搬した。この他に集落内の荒地で少々採集した。

その他の使用材料は表に示すとおりである。

そのうち真竹は全て当主が自有の山林から切り出したものであり、孟宗竹は一部（四本）、裏の竹林で葺き替え当日職人が見立てて伐採した。しゅろ縄は当主の妻の実家に生えていたしゅろの木一本を切り倒し夫婦でなったものである。その他は購入した。

I家の葺き替えは一九八一年二月一日から二月一五日までの一五日間にわたっている。

そのうち前半の七日間は家人二人による茅ごしらえである。茅ごしらえでは、まず全ての茅の根元を押し切り揃えることと、全ての茅の約四分の一を半分に切る作業である。根元を切り揃えると葺いた後、容易にがぎ棒でたたき均すことが出来、ひいては仕上のはさみ刈りが楽になる。又、半分に切った茅は、長い茅と短い茅を交互に葺き重ねる葺き方に必要なものであり、古茅があればそれが使われる。この時は古茅は全くなかったので、全て新茅を切って使った。

このような茅の下ごしらえは屋根のできばえを左右するものであり、又職人の仕事をやり易く

使用材料一覧

材　種	用　途	単　位	量
茅	葺き材	1駄＝6把 1把周囲150cm	60駄
藁	葺き材	1把直径10cm	2600把
孟宗竹	竹す・ひしぎ・えつり		11本
真竹	押鉾	1束50本	8束
しゅろ縄	棟固定	1束20ヒロ	5束
番線	棟固定		4kg
縄	茅の固定		15玉

し、ひいては手間をへらすことにつながるので必ず行われていた。

八日目に古茅をおろし、下地を全て交換した。この仕事は全て村人の手で行われる。職人は翌日からの軒付けに使う茅の下ごしらえに精を出しこれには手を出さない。この日集まった村人は九人で、班内七戸の全ての家から一人ずつと、親類の二人であった。この北郷集落の五〇戸は六班から構成され、葬式や結婚式の他に農作業や家づくりのユイもこの班内で行われることが多く、葺き替えの手伝いも班内が中心である。このI家の属する班内には茅葺きは三戸だけであるが、その手伝いは茅葺きであるか否かを問わずに全戸から手伝いが出される習慣である。これはかつての葺き替えの際の借りを返すというよりは、葺き替えの相互扶助が生活全般にわたる班内の相互扶助の一環であるという性格によるものと思われる。

九日目と一〇日目は職人だけの手で軒付けが行われた。この筑波周辺の軒付けはトオシと呼ばれる稲わら、古茅を縞模様につくりあげた装飾性豊かなもので、その下ごしらえを含めると職人手間の半分はこれにかかる程である。

一一日目は平葺きで、この日は班内全戸から一人ずつの手伝いを得てその人たちが下働きを務め、職人がいっきに棟まで葺き上げた。

一二日目は棟仕舞で職人だけでキリトビと呼ばれる日本で最も技巧的な

棟仕舞を一日がかりでつくりあげる。

一三日目と一四日目は職人だけによるはさみ刈り仕上で完成であり、一四日の夕方、ぐしまつりと呼ばれる完成祝いが行われた。これには職人と手伝ってくれた班内全戸と親類の家から一人ずつ参加した。

一五日目は、家人の手だけで足場かたづけと掃除が行われた。

このように準備と後かたづけは家人の手で、古茅をおろし、下地を修理するのは村人で、屋根を葺くのは職人が主体で、最も人手を必要とする平葺きの一日だけがその下働きとして村人の手伝いを得て行われている。要した延人数は家人二三人、職人二〇人、村人の相互扶助一九人の合計六二人であった。

秋田県矢島町《やじま》

矢島町は、秋田県南端、鳥海山の北麓に位置し、鳥海山に源を持つ子吉川の沖積平野に集落が分布している。海岸部に近いので、気候は比較的穏やかであるが、冬季は積雪量二メートルを超す多雪地である。恵まれた耕地を持ち稲作の単作経営が続けられてきたが、近年は畜産、果樹園等を多角経営する農家も増えている。現在も農家は大半が茅葺屋根である。

この地方の農家は中門造《ちゅうもんづく》りと呼ばれ、南部《なんぶ》（今の岩手県と青森県の東半分）の曲り家と共に、

矢島町の中門造り民家

L形に曲った民家の代表的なものである。北国の民家は内部にうまやを持つので主屋は南国のそれに比べるとずいぶんと大きい。なかでも秋田県、山形県、福島県、新潟県に分布するこの中門造りは大きく、建築面積が一〇〇坪を超えるものも珍しくない。主屋から直角に突き出た部分にうまやと出入口が設けられた形は、積雪時の道路から主屋への通路として便を図るためのものである。

この地方では、容易に信じがたいことではあるが、新築以後、全く葺き替えずに、差茅だけで屋根を維持する方法が続いている。この矢島の古老の茅葺き職人（七一歳）によれば、新築や移築以外で屋根を葺き直したことは彼の記憶では一度もなく、これはこの地方の習慣であるということである。

その方法の概略は以下のとおりである。

差茅は職人だけで行い、相互扶助の手伝いはもちろんのこと、家人もほとんど手伝うことはない。全て職人だけでの仕事である。差茅は屋根を四～八分割して、ほとんど毎年のように行われ、同じ部分を差茅する周期は六～一〇年である。茅は各家の所有する茅場又は国有林で毎年各家自力で採集される。採集された茅はそのまま住居の雪囲いとして使われ、翌春に取りはずされ、差茅されるという雪囲いと屋根の維持が一体となった仕組みが定着している。

このように差茅は職人だけで維持する方法ともいえる。そこで次に職人の実態を見てみよう。矢島町では茅葺き職人は葺師《ふきし》と呼ばれている。

一九五〇年頃、矢島町には五〇～六〇人の葺師がいた。そのほとんどが農業兼業である。親方を中心に五～六人で集団を作り、一戸を三～四日で差茅する。一九五五年当時は農家約一〇〇〇戸のうち約七〇〇戸が茅葺きであった。更に一戸の家でも主屋の他に納屋、倉等も茅葺きである場合が多く、どの家でも毎年必ず何処かは差茅を行っていた。この矢島の葺師は隣の仁賀保町や由利町で仕事をすることもあったが中心は矢島町内であった。一九八一年現在、現役の葺師は六人である。この六人は以前は別々の集団に属していたが現在は茅葺屋根が少なくなり、葺師が少なくなったので差茅する家の大きさによって適宜組織して仕事をしている。

この葺師集団は山の神講を組織し、葺師仲間の親睦を図っている。これには各集団の親方が参会し、交替で宿を決め共同飲食を行い、その年の賃金の協定をとり決めている。又後には茅の価格も決めている。

差茅の工事風景(秋田県矢島町)

差茅完了

古茅をひきだし、新茅を差す

新しい竹で下地に縫い付ける

棟まで差茅が終わるとはさみで刈りそろえながら下に降りていく

はさみで刈りそろえた表面をかぎぼうでたたきそろえる

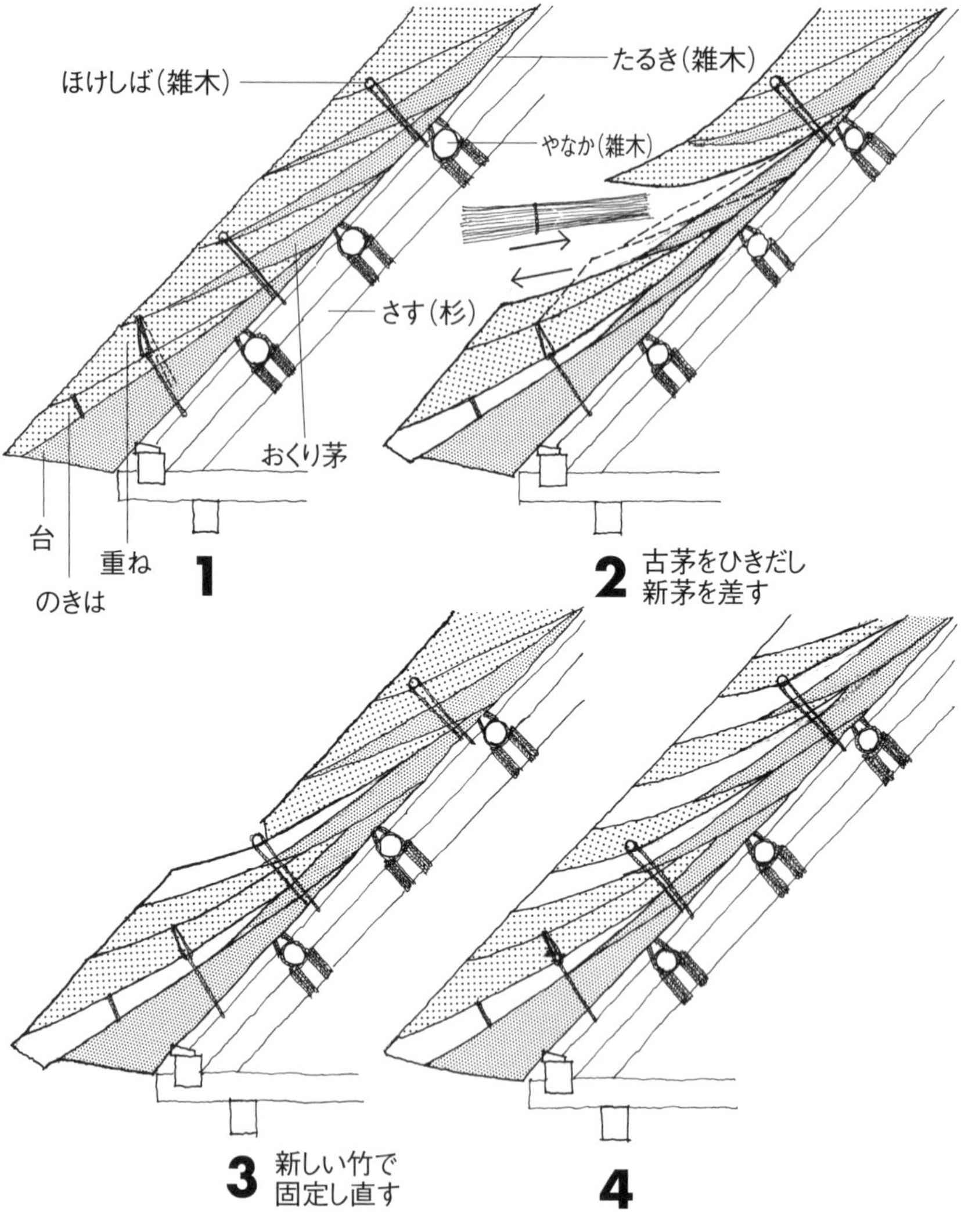
ほけしば(雑木)
たるき(雑木)
やなか(雑木)
さす(杉)
おくり茅
台
重ね
のきは
1
2
古茅をひきだし
新茅を差す
3
新しい竹で
固定し直す
4

差茅の手順

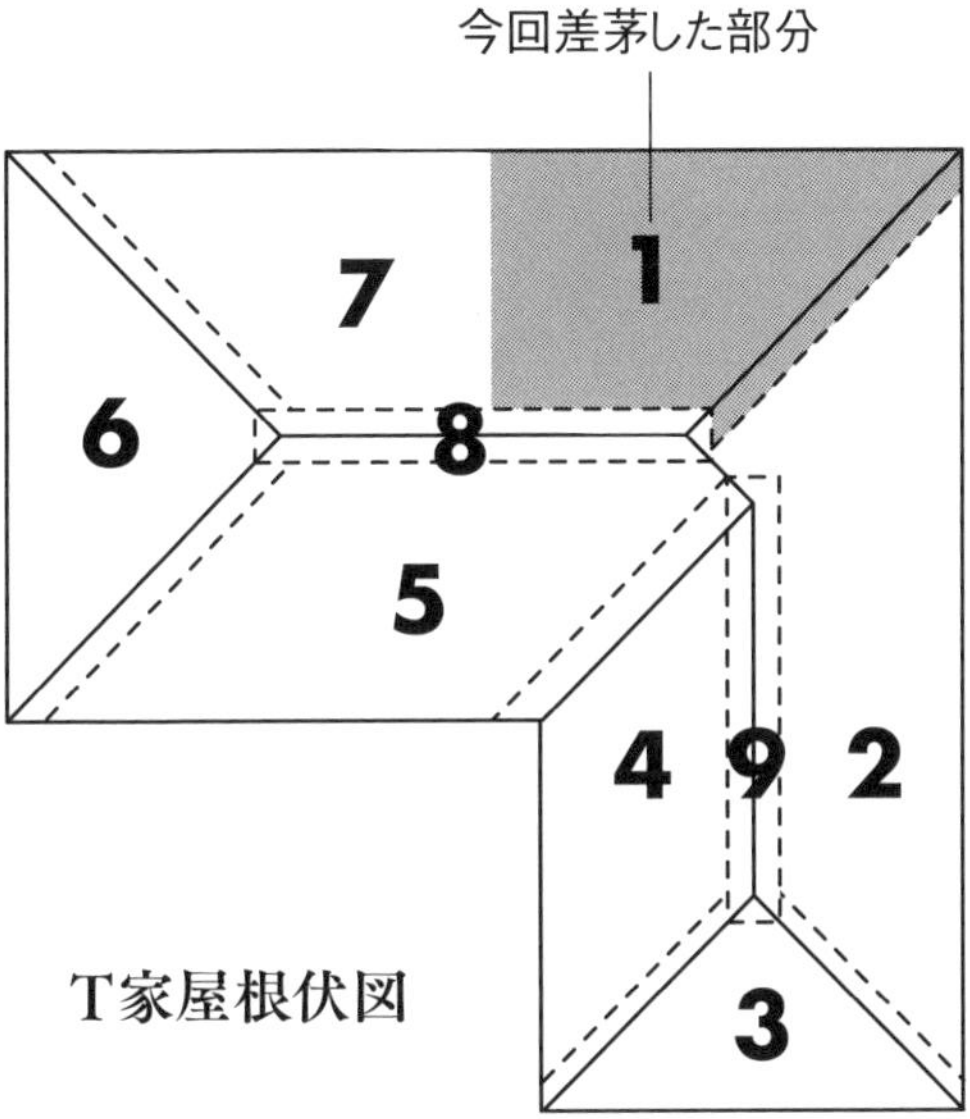
今回差茅した部分
1
2
3
4
5
6
7
8
9

T家屋根伏図

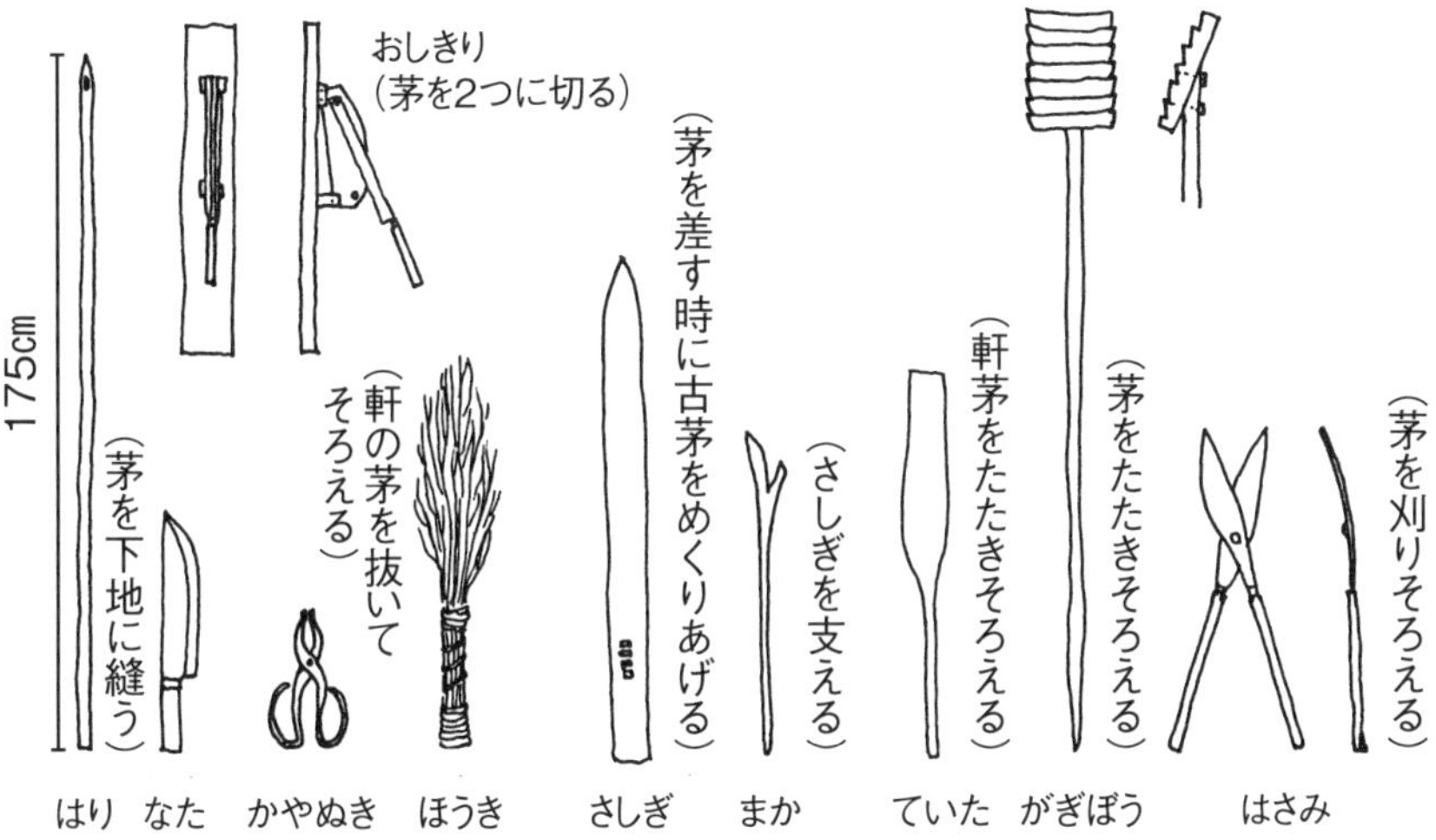
175cm
(茅を下地に縫う)
おしきり
(茅を2つに切る)
(軒の茅を抜いてそろえる)
(茅を差す時に古茅をめくりあげる)
(さしぎを支える)
(軒茅をたたきそろえる)
(茅をたたきそろえる)
(茅を刈りそろえる)
はり
なた
かやぬき
ほうき
さしぎ
まか
ていた
がぎぼう
はさみ

矢島町の茅葺き道具

その記録によると一九四八年には一三人の親方がいて、日当は二四〇円であった。その後参会人数は一〇人前後に安定し、一九七〇年前後から五、六人に減っている。一九八一年は六人の参会で、日当は九〇〇〇円となっている。一九五〇年ごろは一人の親方が数人の弟子をかかえていたというから、当時の葺師は五、六〇人と推定される。一九八一年は弟子を持つ親方は一人もいないので、葺師総数は六人ということになる。矢島町内の農家は、茅葺きが減りつつあるとはいっても、今でもその半数近くは茅葺きである。一方納屋や倉等は全て瓦葺きや鉄板葺きに変わっており、このことが葺師の減少の要因である。

ところで葺師といっても自給できる程度の田畑は耕作しており、農繁期は仕事はできない。又冬期間は雪のためお休みである。従って当時で葺師としての仕事日数は約一五〇日であったという。現在はもう少し減って九〇日程度であり、冬期間は東京方面へ出稼ぎに出る人が多い。

ここで矢島町の差茅で屋根を維持する様子を矢島町荒沢のT家を例にとって見てみよう。T家は一八二一年の建築で、建築面積は三〇八平方メートルと大変大きいが、この矢島ではこの程度の大きさは珍しくない。

T家ではこの屋根を八等分して毎年八分の一ずつ差茅をしてきた。従って九年で一廻りすることになるが、北側は傷みが早いので周期は短く、南側はその分周期が長くなる。

T家では毎年、稲刈り・脱穀が済み一一月になると冬仕度にはいる。その始まりは茅刈りである。T家は近くの山林に二〇アールの茅場を持ち、ここで毎年家族揃って茅を刈る。それだけでは少し不足するので一〇キロメートル程離れた鳥海山麓の国有林で茅を刈って補う。国有林では誰でも茅を刈ることが許されている。ここからの運搬にはトラックを利用している。こうして二〇縄の茅を延一五人程度の手間をかけて刈り集める。縄とはこの地域の茅を量る単位で、一〇尺五寸の長さの縄で、ひと巻きできる茅束の量が一縄である。

刈り集められた茅は庭の一隅に積んでおき、数日中に主屋の全周に雪囲いとしてかきつける。これには延二、三人・日を要する。

翌春、雪が消え、茅も充分乾く四月中旬、茅束はとりはずされ、差茅に使われるまで納屋に一時的に収納される。

この矢島町での差茅のシーズンは四月下旬から九月いっぱいまでで、一〇月にはいると差茅に使う足場丸太が稲を干す稲架《はさ》に使われるので、差茅は不可能となる。T家では毎年四月下旬に差茅を行うのが習慣となっている。毎年同じ葺師が同じ時期にやってくるのである。

差茅は三人の葺師によって淡々と行われ、その間家の中には何の変化もなく、いつもどおり主とその妻は仕事に出かける。葺師は弁当持参で、お茶のサービスをその家から受けるだけである。

途中雨に一日降られたが、葺師は休まず仕事を続け、五日間で差茅は無事終了した。ここでは足場のかたづけや掃除も全て葺師の仕事である。

その日の夕方、T家の主は葺師の親方に三人の葺師の五日分の日当、計一三万五〇〇〇円也を支払い、夕食を出し、労をねぎらった。酒もすすめられたが、葺師は車で来ていることを理由に断り、夕食が済むと早々と帰宅した。

翌日の現場は既に決まっていた。

県　　名	旧市町村名	新市町村名
福　井　県	五箇村	大野市
	名田庄村	大飯郡おおい町名田庄
岐　阜　県	荘川村	高山市荘川町
	白川村	大野郡白川村
	白川村荻町	大野郡白川村荻町
	白川村木谷	大野郡白川村木谷
	平村	大垣市平町
滋　賀　県	西浅井町	長浜市西浅井町
	マキノ町	高島市マキノ町
京　都　府	美山町	北桑郡美山町
大　阪　府	能勢町	能勢郡能勢町
島　根　県	出雲市	出雲市
高　知　県	檮原町	高岡郡檮原町
	檮原町上本村（旧・越知面村）	高岡郡檮原町上本村
	本川村	吾川郡いの町
佐　賀　県	川副町	佐賀市川副町
沖　　縄	国頭村安波	国頭郡国頭村安波

新旧市町村名対照表

下記はこの間の市町村合併により市町村名が変わったものを一覧にした。本文中の市町村名は執筆当時のままである。

県　　名	旧市町村名	新市町村名
岩　手　県	(旧) 荒沢村石神	八幡平市石神
	住田町	気仙郡住田町
	遠野市	遠野市
	陸前高田市矢作町	陸前高田市矢作町
宮　城　県	福岡村	白石市
	同　　深谷	同　　福岡深谷
秋　田　県	鳥海村	由利本荘市鳥海町
	仁賀保町	にかほ市
	八竜町	山本郡八竜町
	矢島町	由利郡矢島町
	由利町	由利本荘市
山　形　県	朝日村	鶴岡市
福　島　県	伊南村青柳	南会津郡南会津町青柳
	三島町名入	大沼郡三島町名入
東　京　都	青梅市	青梅市
茨　城　県	金砂郷村	常陸太田市 (金砂郷地区)
	新治村	土浦市
	八郷町	新治郡八郷町
神奈川県	川崎市多摩区岡上	川崎市麻生区岡上
千　葉　県	亀山村	君津市
新　潟　県	糸魚川市高谷根	糸魚川市下出高谷根
富　山　県	上平村	南砺市
	平村	南砺市
	同　　相倉	同　　相倉
	福野町	南砺市福野
	福光町	南砺市福光
石　川　県	珠洲市	珠洲市
	同　　洲巻	同　　若山町洲巻
	柳田村	鳳珠郡能登町柳田

あとがき

茅葺屋根は、今まさに滅びようとしている。民家そのものが壊され、建て替えられているばかりでなく、屋根だけを茅葺きから瓦葺きに替える家も少なくない。本書で紹介した村々でも、今後茅葺屋根は、減ることはあっても増える見込みはなく、現存する民家の寿命が尽きる時が、茅葺屋根の滅びる時であろう。

村人どうしの労力の相互扶助があったからほとんどお金をかけずにつくり、維持することもできた屋根も、それが得にくくなった今日、茅葺きは瓦葺き以上にお金のかかる屋根となった。例えば茅葺屋根を二五年程度もつように葺くとすると、屋根面積一平方メートルあたり、茅収集に〇・五人・日、葺くのに〇・五人・日、あわせて一人・日というのが、ごくおおざっぱに見た茅葺きにかかる手間である。一人・日五〇〇〇円としても、茅葺屋根一平方メートルあたり五〇〇〇円かかることになる。一方瓦で葺くと上等な仕事でも一平方メートルあたり材料・工賃込みで一万円前後であり、茅葺きの約二倍の単価となるが、瓦葺きが五〇年もつとすると長い目で見た単価は、ほぼ同等ということになる。これは手近に茅が入手でき、村人だけで葺くと仮定した場合であり職人だけで葺くとすると日当は約二倍となり、茅も遠くから買い求めるとそれだけ高くつく。

このような場合には茅葺きは瓦葺きよりも単価が高くなり、更に耐久性に劣る分だけ割高となる。又屋根は、一般の農家は茅葺きで、金持ちは瓦葺きという、その家の社会的地位を示すものであり、茅葺きが貧しさの象徴と見られていた地域もある程で、茅葺きが瓦葺きと同等以上のお金がかかるとなれば、こぞって瓦葺きに変えてしまったのも当然の流れである。

それでは、今後茅葺きに強い愛着を持つ人が、お金を積めば茅葺きができるかというと、必ずしもそうではない。茅葺き職人はもちろん、茅葺きの経験のある村人はどんどん少なくなり、たとえ今葺けたとしても、それを維持するのは増々困難になることは明らかである。

実際、職人が主体となって葺いてきた関東地方でも、茅葺きに愛着を持つにもかかわらず、職人が少なくなったために葺き替えることができず、瓦葺きに変えてしまったという家も少なくない。本来生産基盤の弱い地域の余剰労力であった茅葺き職も、より高所得の出稼ぎ職へと変わっていき、なりてがなくなってしまったのである。

このようにして、優れた居住性を持つにもかかわらず、茅葺屋根が日本の農村から姿を消し、かろうじて文化財に指定された民家や、あるいは観光的価値を持つ集落にその形だけをとどめるに至る日もそう遠くはないようである。

本書がこの滅びゆく茅葺屋根の、形だけでなく、それに蓄積された生活技術を現代に、そして次の世代に受け継ぐための一助となれば、私の望みは達せられたことになる。

本書の原型は、私の学位論文「茅葺屋根の構法と維持に関する研究」である。当初はそのまま建築の専門書として出版することを考えていたが、はる書房の古川弘典さんの強いおすすめもあって一般書として、ほぼ全面的に書き改めることとなり、「茅葺きの民俗学」という書名も古川さんのアイデアをそのままいただいたものとなった。民俗学の専門の方から見れば、正統的な民俗学的方法によるものではないとお叱りを受けるかもしれないが、できるだけ生活者の視点に立って茅葺きを見直したつもりである。

最初の調査旅行から数えると、本書の出発点は今から一〇年程前になる。当時東京大学建築学科の助手であった私は、同じ興味を抱く学生数人と、日本各地の民家を訪ねる調査旅行を開始した。はじめは夏休みを中心としていたが、次第に熱中して、四季の姿を見たくなり、更に葺き替えがあると聞くと、たとえ日本のはずれでも、仕事をほっぽりだして夜中に車をとばしてかけつけるようになった。

こうして私は民家から実に多くの事を学んだ。そして民家に住む人々に更に多くの事を学んだ。本書はここに名前をあげることができない程多くの、私の訪ねた民家に住む人々が教えてくれた事を、私なりにまとめたものといってよいものである。又調査研究を共にした当時の学生諸君、なかでも乾尚彦さんと山下浩一さんはほとんどの調査旅行を共にした共同研究者であり、彼らとのひんぱんな対話と討論を通じて多くの着想を得ている。これら二氏の力添えなくして本書を著すことは到底不可能であったろう。なお、本書の写真の一部は両氏の撮影によるものである。恩師である内田祥哉先生には、調査研究を始める時から、終始一貫したはげましと御指導をいただいた。本書の企画から出版まで、はる書房の古川弘典さんには大変御苦労をおかけした。ここに心からお礼申し上げたい。

一九八三年晩秋の筑波にて

安藤邦廣

安藤邦廣（あんどう　くにひろ）

工学博士／建築家
1948年宮城県鳴子町に生まれる。

1973年九州芸術工科大学環境設計学科卒業。東京大学建築学会助手、筑波大学芸術系教授を経て、現在筑波大学名誉教授。

専門分野は建築構法、建築生産、特に日本及びアジアの伝統的住宅の生産技術の研究。

著書：『小屋と倉―干す・仕舞う・守る木組みのかたち―』（サイレントオフィス編集、建築資料研究社、2010年）、『民家造―素材を生かす技、暮らしを映すかたち―』（学芸出版社、2009年）、『住まいを四寸角で考える―板倉の家と民家の再生―』（学芸出版社、2005年）、『住まいの伝統技術』（共著、建築資料研究社、1995年）他。

【新版】茅葺《かやぶ》きの民俗学――生活技術としての民家

一九八三年一二月二二日　初版第一刷発行
二〇一七年九月一五日　新版第一刷発行
二〇二四年一一月一日　新版第二刷発行

著者……安藤邦廣《あんどうくにひろ》
発行所……株式会社はる書房
〒一〇一―〇〇五一　東京都千代田区神田神保町一―四四駿河台ビル
電話　〇三―三二九三―八五四九
ファクス　〇三―三二九三―八五五八
郵便振替　00110-6-33327
組版……エディマン（原島康晴）
装丁……放牧舎（岩井友子）
印刷・製本　中央精版印刷

ISBN978-4-89984-163-0